MIGUEL HIDALGO Y COSTILLA

MIGUEL HIDALGO Y COSTILLA

(BIOGRAFÍA)

por Roberto Mares

Grupo Editorial Tomo, S.A. de C.V.
Nicolás San Juan 1043
03100 México, D.F.

1a. edición, abril 2004.

© Grupo Editorial Tomo, S.A. de C.V.
  Miguel Hidalgo

© 2004, Grupo Editorial Tomo, S.A. de C.V.
  Nicolás San Juan 1043, Col. Del Valle
  03100 México, D.F.
  Tels. 5575-6615, 5575-8701 y 5575-0186
  Fax. 5575-6695
  http://www.grupotomo.com.mx
  ISBN: 970-666-929-9
  Miembro de la Cámara Nacional
  de la Industria Editorial No 2961

Proyecto: Roberto Mares
Diseño de Portada: Trilce Romero
Formación Tipográfica: Servicios Editoriales Aguirre, S.C.
Supervisor de producción: Leonardo Figueroa

Impreso en México - *Printed in Mexico*

Contenido

Prólogo 7

1. Comienzo y formación 11

2. El cura *ilustrado*........................... 15

3. Frente al *Santo Oficio* 25

4 Pensamiento y trabajo 31

5. El espíritu de la revolución independentista ... 37

6. La conjura 43

7. Al descubierto............................ 49

8. *El grito* 55

9. Los motivos de la tierra.................... 61

10. La toma de Guanajuato 65

11. La guerra ideológica 73

12. Inquisición y proyecto de nación............ 81

13. Hacia la capital 93

14. Abolición de la esclavitud 103

15. Las batallas decisivas 107

16. Un efímero gobierno 111

17. La traición 117

18. El final 123

Prólogo

En algunos casos, al acercarnos de manera más íntima y personal a los personajes heroicos de nuestra historia, ocurre que se nos 'desconfigura' el mito y aparece en nuestra imaginación la figura del hombre, lo que es un poco desconcertante, aunque de ninguna manera indeseable; por el contrario, esta desmitificación es un requisito indispensable en el proceso de crecimiento de las personas y de los pueblos, es precisamente en esta dimensión humana donde el héroe se autentifica, asciende y trasciende en nuestra conciencia, o bien, si es el caso, el personaje regresa a ser lo que antes era, una estatua y una fantasía, porque no pasó el 'examen de valor' que propone la sensibilidad y la cultura humanísticas.

Todos sabemos que Hidalgo inició la lucha por la independencia de México, y eso le da un cierto valor histórico, pero también sabemos que él y su gente no lograron su objetivo, a pesar de tenerlo casi al alcance de la mano. Sin embargo, llamamos al Hidalgo "El Padre de la Patria", y esa paternidad no es compartida con Agustín de Iturbide, quien realmente cortó el cordón umbilical con la "madre patria", haciéndola de hábil cirujano, lo que también, indudablemente, tiene su valor.

Pero si a Hidalgo se le atribuye la paternidad de nuestra nación independiente no es porque haya echado la semilla de la planta que el otro cultivó y cosechó, pues en lo esencial eso es solamente un fenómeno político y militar. El verdadero valor de Hidalgo es el haber concebido algo más que una entidad política independiente de otra, la semilla que él plantó contenía el 'gen' de la transformación, del cambio trascendente, del avance histórico. Más que independentista, Hidalgo fue un verdadero revolucionario; su ideología humanista conlleva un proyecto de organización social distinto, un orden cualitativamente diferente del que existía en su tiempo.

Hidalgo fue uno de esos raros personajes que en México fueron capaces de entender con la mente y asimilar con el corazón las ideas de la Ilustración europea y de la democracia norteamericana, lo que le da una elevada dimensión histórica, pues su ideología es, en esencia, superior a aquella en la que él mismo se formó, lo que representa una visión que parte de la conciencia autónoma, es decir, de la capacidad de ver más allá de los linderos de la propia información cultural, para entender las razones más profundas de la historia, las que llevan a la necesidad de promover y generalizar la igualdad por encima de la jerarquía racial, económica o política; que llevan a la necesidad de valorar el trabajo, y especialmente el trabajo de transformación, como fuente de la verdadera riqueza; que llevan a la concepción de que la colaboración es superior a la competencia; a la idea de que la persona humana es esencialmente libre y responsable, y no sujeto de incondicional obediencia; que llevan a la necesidad de establecer un sistema de educación y cultura basado en la libertad de pensamiento, en la ciencia y el conocimiento objetivo, por encima de la fantasía, el dogma o la tradición.

Si don Miguel Hidalgo y Costilla no hubiera tenido estos alcances, sería sólo un símbolo, una estatua y un tema de examen para la clase de Historia de los niños. Pero Hidalgo, como se podrá ver a lo largo de estas páginas, fue un hombre comprometido con aquellas razones profundas de la historia que hacen que las cosas no cambien por cambiar, sino que cambien para ascender en la escala de la evolución cultural, para que las personas y los pueblos adquieran la conciencia de su propia dignidad.

Roberto Mares

1

Comienzo y formación

En el casco de la hacienda de Corralejo, jurisdicción de Pénjamo, que entonces dependía en lo civil de la alcaldía mayor de León, y que en lo eclesiástico estaba subordinada al Obispado de Valladolid, nació Miguel Gregorio Antonio Ignacio Hidalgo y Costilla, el 8 de mayo de 1753, siendo bautizado en la capilla de Cuitzeo de los Naranjos a los ocho días de su nacimiento. Cuando apenas tenía nueve años, muere su madre, doña Ana María Gallaga. Después de año y medio de viudez, su padre, don Cristóbal Hidalgo se casa con doña Rita Peredo y establece un nuevo hogar. Al cumplir los doce años, después de haber concluido sus estudios de primeras letras, realizados en su propia casa, Hidalgo y su hermano mayor, don José Joaquín, fueron enviados por su padre a la ciudad de Valladolid para que hicieran sus estudios superiores en el Colegio de San Francisco Javier, de aquella ciudad, a cargo de los jesuitas.

Fue en este colegio donde Miguel Hidalgo inició sus estudios de gramática latina y, al concluir el primer curso, realizó su primera oposición pública. El siguiente año, 1766, estudió retórica y presentó la segunda prueba, consistente en ocho oraciones de Cicerón, tres libros de Virgilio y el texto de retórica del padre Pomes. Al ser expulsados los jesuitas de España y de todas sus colonias, en 1767, Hidalgo y su hermano tuvieron que interrumpir sus estudios y regresar a Corralejo. Después de un tiempo de indecisión, a fines del mismo año, don Cristóbal, el padre, decide inscribir a sus dos hijos en el famoso Colegio de San Nicolás Obispo, de Valladolid. En este colegio, Hidalgo realizó estudios de artes y filosofía; siendo alumno sustentó cursos y conferencias, presentó oposición para la cátedra de lógica y se fue distinguiendo como uno de los mejores alumnos de la institución, de tal manera que aun antes de terminado el programa de estudios, que duraba tres años, a principios de 1770, alcanzó el grado de Bachiller en Artes. Para obtener la certificación correspondiente, tanto él como su hermano viajaron a la ciudad de México, donde, el 30 de marzo, Hidalgo compareció en el aula mayor de la Real y Pontificia Universidad, para ser examinado.

Situado frente a los sinodales, éstos le formularon las nueve preguntas reglamentarias; la primera de ellas relativa a los libros de *Súmulas*; la segunda en relación con los *Universales*; la tercera de los libros de *Predicamentos*; las preguntas de la cuarta a la séptima trataban de los libros de *Física*; la octava, de los libros de *Generatione*, y la novena era relativa a los libros de *Anima*. Después de los argumentos de rigor y las réplicas de los examinadores, Hidalgo fue aprobado por unanimidad y pronunció en latín el juramento procedente.

Una vez reintegrados al Colegio de San Nicolás, Hidalgo y su hermano continuaron sus estudios, centrados en la teología, la escolástica y la moral. En este primer año de estudios superiores, Hidalgo se examinó en tres materias del texto del padre Gonet, que era el que estaba en vigor; en el segundo año escolar estudió doce materias, y al final

Miguel Hidalgo estudió en el colegio de San Nicolás, llegando a ser un alumno muy destacado. A los 20 años comenzó a dar clases de latín, filosofía y teología; alcanzó la plenitud de su vida académica al ser nombrado rector de su mismo colegio.

de ellas tendría que haber sustentado un examen público, pero por ese tiempo sufrió una suspensión a causa discrepancias filosóficas con algunos de sus maestros, lo que en esos tiempos se consideraba una forma de desacato, un acto de rebeldía que no podía quedar impune.

Cumplida la sanción que le fue impuesta, Hidalgo regresó al colegio, y tres años después de haberse graduado en Artes, Hidalgo y su hermano estuvieron en condiciones de obtener el lauro de Bachilleres en Teología, y para el efecto hacen un viaje a México en mayo de 1773. Después de sustentar el examen correspondiente, ambos fueron laureados, el 25 de mayo, en la sede de la universidad.

Ya de vuelta en el Colegio de San Nicolás, Hidalgo se somete a un examen de oposición para obtener una beca que estaba vacante, de las que existían solamente cuatro, y que se obtenían mediante un certamen en el que el postulante demostraba tener conocimientos científicos superiores a los de sus compañeros estudiantes en general y a los de los de los demás aspirantes. Hidalgo salió triunfador en ese concurso y obtuvo la anhelada beca, lo que no solamente le dio un desahogo económico sino también el prestigio y el carácter docente como para presidir academias, sustituir maestros en casos de ausencia, examinar a fin de año a los estudiantes, ayudar a vicerrector en la vigilancia, presentarse a concursos para cubrir cátedras vacantes y aun servir como amanuense en la secretaría del Colegio.

A pesar de todas estas actividades, durante esa época se dedicó al estudio de idiomas, de filosofía, de ciencia y arte. A principios de 1774, decide hacerse sacerdote, por lo que inicia los estudios canónicos y presenta una petición para obtener la licencia clerical "a título de idioma otomí", mismo que hablaba con soltura. Cumplidos los trámites de rigor y los exámenes correspondientes, Hidalgo recibió las órdenes menores, pero pasado un año le son conferidas las 'órdenes mayores', recibiendo en el mismo acto el cargo de subdiácono. A mediados de 1775 participa en la oposición a una cátedra de filosofía en el mismo Colegio de San Nicolás y la obtiene después de un brillante examen. En diciembre de 1776, solicita y obtiene el diaconado "a título de administración", y finalmente obtiene el presbiteriado el 19 de septiembre de 1778, en la misma ciudad de Valladolid, contando apenas con 25 años de edad.

2

El cura *ilustrado*

ntes de obtener el presbiterado, Hidalgo sustentó públicamente, en el Colegio, un 'acto de teología' sobre las 'prelecciones' de Serry; este acto se celebró en honor del nuevo obispo de Michoacán, don Juan Ignacio de la Rocha, quien quedó impresionado por la disertación de Hidalgo y lo recomendó para que continuara en su condición de estudiante becado. En 1779 obtiene, por oposición, la cátedra de gramática latina y poco después la cátedra de artes. Durante varios años conservó estas cátedras, y el 1782 ocupó, en calidad de sustituto, la cátedra de teología, consagrándose al estudio de esta disciplina.

Tenía apenas dos años de impartir la cátedra antes mencionada, cuando el doctor don Joseph Pérez Calama convocó a un concurso, ofreciendo un premio de doce medallas de plata al que presentara la mejor disertación, en latín y en castellano. sobre el método más adecuado para estudiar la teología. En esa oportunidad, Hidalgo envió un trabajo con el título de *Disertación sobre el verdadero método de enseñar Teología Escolástica*, con el que obtuvo el premio, aunque también fue calificado como "no muy ortodoxo en sus opiniones", proponiendo un método enteramente nuevo y 'científico', en oposición al que hasta entonces seguía.

El trabajo de Hidalgo fue muy apreciado por el padre Calama, promotor del concurso, quien le escribe una extensa y elogiosa carta, de la que hemos extraído algunos fragmentos significativos.

... El tipo se me estrecha mucho, y así paso ya a demostrar a usted que mi fe no es griega, sino romana; quiero decir, que en cumplir mis promesas soy caballero rancio y macizo; por eso acompaño a ésta, mi amorosa carta, las doce medallas de plata, que cual aliciente honroso, ofrecí por las insinuadas dos disertaciones que merecieron el primer lugar. Confío en que los compañeros de usted podrán competirle, pero usted siempre les ha llevado la primacía.

... Con el mayor júbilo de mi corazón preveo que llegará a ser usted luz puesta en el candelero, o ciudad colocada sobre el monte. Veo que es usted un joven que cual gigante sobrepuja a muchos ancianos, que se llaman doctores o grandes teólogos, pero que en realidad son meros ergotistas, cuyos discursos o nociones son telas de araña, o como dijo el verdadero teólogo Melchor Cano, son cañas débiles con las que los muchachos forman sus juegos.

... El joven que estudie teología, como usted denota haber estudiado, y expone su disertación, desde luego podrá decir "super senix intelexi" [la inteligencia por encima de la edad], porque esa preferencia está concedida al que escudriña y maneja la Sagrada Escritura y los Santos Padres.

... Si usted anhela, como lo supongo, dar el último complemento a sus sólidas ideas, le aconsejo y aun le ruego encarecidamente, que desde luego emprenda el estudio y lectura de las Instituciones Católicas de Francisco Amato Pouget. Su autor las escribió en francés y en latín, y ahora, según nos dicen las gacetas, se ha traducido con brillantez a nuestro idioma y se proponen a todos los profesores de teología como norma y pauta.

Puede afirmarse que en dicha disertación, Hidalgo se destaca como uno de los iniciadores de la batalla en contra de la *Escolástica* que imperaba hasta entonces en la filosofía y la ciencia en la Nueva España. El libro del padre Gonet, era el libro de texto más empleado en el Colegio de San Nicolás, y en esa obra la teología estaba reducida a una dialéctica contenciosa y subordinada en forma rigurosa a los principios aristotélicos. Hidalgo, influido profundamente por el pensamiento renovador de los jesuitas humanistas de mediados del siglo XVIII, establece en su disertación que el verdadero método de estudiar la teología debiera consistir en una especie de fusión entre la escolática tradicional con la nueva filosofía 'positiva', introduciendo un nuevo método para tratar las cuestiones, "con arreglo a las Sagradas Letras, a la tradición a la doctrina de los Padres, amenizándolas con la Historia y adornándolas con todo género de erudición"..., porque resultaba una perversa obstinación "mantenerse con bellotas después de descubiertas las frutas". Sin estudiar la ciencia, nadie puede ser teólogo —afirmaba—; pues siendo la teología "una ciencia que nos muestra lo que es Dios en sí, explicando su naturaleza y sus atributos, y lo que es en cuanto a nosotros, explicando todo lo que hizo por nuestro respeto y para conducirnos a la bienaventuranza, no hay otro medio para adquirirla sino recurrir a la Escritura Sagrada y a la tradición, porque, siendo Dios un objeto enteramente insensible y superior a toda inteligencia creada, no podemos saber de su majestad sino lo mismo que se ha dignado revelarnos. Y como la Teología Positiva se funda en las verdades religiosas cuyas fuentes son los libros canónicos y las tradiciones apostólicas, esta Teología es indispensablemente necesaria porque ella nos da noticia de las Escritura y de la tradición, de las definiciones de los Concilios, de la doctrina de los Santos Padres de todas las otras ciencias que se requieren para su perfecta inteligencia, como son: la Historia, la Cronología, la Geografía y la Crítica.

Después de fundar con argumentos la tesis anterior, Hidalgo exalta el importante papel de la crítica, como arte de discernir lo genuino de lo espurio, con objeto, como él dice, de "eliminar errores y patrañas". Con un criterio avanzado para su época, reclama el uso de un texto acorde con las orientaciones de la Teología Positiva pues, si del estudio de ésta no se sigue inconveniente alguno, resultaría inadecuado y poco juicioso estudiar la Escolástica para encontrar como premio el conocer que se había perdido el tiempo sin remedio.

En esta misma disertación, Hidalgo hace la crítica de la obra del padre Gonet, aludiendo a la prolijidad con que trata las cuestiones, a la introducción de muchos temas puramente filosóficos e inútiles, y a la falta de Historia y de Crítica, lo que lo había llevado a cometer errores y a aceptar obras apócrifas como genuinas. Hidalgo concluía afirmando la necesidad de sustituir dicho texto por uno más a propósito a afecto de lograr el mejor provecho por parte de los estudiantes.

Hidalgo tenía treinta y un años cuando escribió su Disertación; en un ambiente intelectual dominado todavía por la escolástica, él proponía de ésta su contenido filosófico aristotélico para convertirla en un método de exposición fenomenológica y ordenada. Por su franco y decidido rechazo del aristotelismo y su inclinación a la inclusión del espíritu positivo en el campo de los estudios teológicos, por su sólido espíritu crítico y también por su afán renovador, Hidalgo adquiere los perfiles de un renovador intelectual, sin duda bajo la influencia de la Ilustración, vigente en Europa, y la variante humanista de los jesuitas.

La disertación de Hidalgo decidió al doctor Pérez Calama, quien como jefe del Cabildo eclesiástico de Valladolid tenía injerencia el Colegio de San Nicolás, a iniciar una reforma en la enseñanza de la teología en dicha institución, lo que produjo una verdadera revolución interna, pues el apreciado texto del padre Gonet fue sustituido por las "Prelecciones" del dominicano Serry, defendido por Hidalgo, por lo que él fue visto como el introductor de la heterodoxia en el Colegio. Tratando de demostrar lo contrario, Hidalgo aprovechó un acto literario de teología celebrado en el Colegio a mediados de 1785, para que un discípulo suyo, el bachiller don Antonio de Tejada, defendiera los cinco puntos de las Prelecciones del padre Serry, que incluían Cronología, Historia y Crítica, sustentando la tesis de que no había contradicción alguna entre esta orientación teológica y la tradicional y sí, en cambio, había un enriquecimiento y una 'puesta al día' que sería saludable para los estudiantes. A partir de entonces se inicia una nueva etapa en la actividad intelectual de Hidalgo; en sermones, en conversaciones y en la cátedra misma, expone cada vez con más audacia opiniones que discrepan de la ortodoxia y se acercan peligrosamente a las ideas de los pensadores ilustrados; al grado de que, en una de sus conferencias, el comisario de la Inquisición, que se encontraba presente, lo obligó a suspender su exposición.

Si por una parte, su pensamiento renovador le atrajo enemigos, por otra le permitió lograr la estimación y el respeto de eclesiásticos y de alumnos influidos, igual que él, por las nuevas ideas.

A principios de 1787 fue nombrado tesorero del Colegio, y poco después recibió los cargos de Vicerrector y Secretario al mismo tiempo, lo que no impidió que siguiera impartiendo la cátedra de teología. Al año siguiente obtuvo la Sacristía Mayor de Santa Clara del Cobre, sin separarse del Colegio. Poco después fue designado para impartir una cátedra de Moral.

Por fin, en enero de 1790, se le nombra rector del Colegio, cargo que ocupa sin dejar de percibir los beneficios de su beca de estudiante y de servir los puestos de tesorero, de profesor de teología y moral, y de sacristán de Santa Clara del Cobre.

Como rector del Colegio, disfrutaba de habitación, de alimentos, de los servicios de un criado, y recibía un sueldo de trescientos ducados anuales que provenían de las rentas que producían los molinos, ganados y telares propiedad de los hospitales de Santa Fe, tanto de México como de Valladolid, y que se encontraban bajo el patronato de la rectoría del Colegio de San Nicolás. Apenas dos meses después de haber ocupado la Rectoría, su sueldo ascendió a quinientos ducados, gracias a una donación de todos sus bienes que hizo al colegio la señora Francisca Xaviera Villegas y Villanueva.

Con estos ingresos, que ya eran de consideración, Hidalgo pudo comprar una hacienda, llamada Jaripeo, y los ranchos de Santa Rosa y San Nicolás, todas estas propiedades situadas en el distrito de Yrimbo, en los alrededores de Valladolid.

La gestión de Hidalgo como rector se tradujo en reformas trascendentales para el Colegio de San Nicolás, no sólo en un sentido académico, sino también en el mejoramiento de la calidad de vida de los alumnos, además de que se vivía un ambiente disciplinario más relajado, por lo que Hidalgo se ganó la consideración y el afecto de todos.

Hidalgo poseía una asombrosa habilidad mental que muchas veces lo llevaban a la práctica de un humor cercano al sarcasmo, era tan afilado en sus comentarios que sus compañeros lo apodaban "el zorro". La alegría y el humorismo no son ajenos al hombre culto; por el contrario, son virtudes que se encuentran siempre asociadas a la inteligencia; pero también es frecuente que esta brillantez cause cierto resquemor entre las personas opacas; además de que Hidalgo defendía una postura filosófica avanzada, pero ciertamente heterodoxa, que estando bien fundamentada le había dado un gran prestigio en el colegio y fuera de él.

Fue precisamente a causa de su agudeza intelectual y de este prestigio inusitado en la institución, que no tardó en generarse una fuerte oposición entre los maestros y jerarcas de la Iglesia de la "vieja escuela", quienes fácilmente lograron que se le removiera del cargo y se le enviara a servir al curato de la ciudad de Colima, por lo que tuvo que abandonar la ciudad en la que había vivido más de un cuarto de siglo y el colegio que había sido su segundo hogar.

En colima se compra una casa en la calle del Hospital y permanece en su nuevo cargo durante ocho meses, al cabo de los cuales abandona el curato por orden de su protector, el obispo Fray Antonio de San Miguel, dona su casa para que en ella se instale una escuela gratuita y regresa a Valladolid, donde ya lo estaba esperando un nuevo cargo, que era el curato de la villa de San Felipe de los Herreros.

A pesar de la orden de secularización expedida hacia mediados del siglo XVIII, misma que había quitado a los franciscanos la jurisdicción de los curatos, ellos se negaban a entregar la parroquia de San Felipe, que era una de las más productivas. Sin embargo, Hidalgo logra que la parroquia le sea entregada, compra una casa en el pueblo y se instala en ella, haciendo venir a su lado a sus medias hermanas, Guadalupe y Vicenta, niñas todavía, a su hermano Mariano y a otro pariente llamado José Santos Villa; éstos

21

últimos lo acompañaron siempre de ahí en adelante y murieron a su lado en la lucha por la independencia. Sus otros hermanos, Josefa, Joaquina y Juan, se quedaron en Corralejo.

A pesar de su ocupaciones como párroco en San Felipe, hace frecuentes viajes a Guanajuato, donde tiene una estimulante relación con la intelectualidad de avanzada de la ciudad, como el intendente Riaño, el matemático don Antonio Rojas, el marqués de Rayas y otros personajes de gran prestigio en el ambiente universitario.

En San Felipe, Hidalgo lleva una vida dedicada al estudio, aunque también promueve ampliamente la cultura y la socialización en el pueblo; forma una orquesta para el servicio de la parroquia y con ella se dan conciertos populares; dedica una buena parte de su tiempo a enseñar a los lugareños nuevas técnicas de producción agrícola y artesanal, centrada en la principal actividad del pueblo, que era la alfarería. En esos tiempos instala una sala de teatro en su propia casa, donde se representan obras de Racine y Moliére que él mismo traduce y dirige. La casa de Hidalgo en San Felipe se convirtió rápidamente en un centro de cultura con visos de humanismo francés, por lo que se decía que era una "Francia chiquita", donde se trataban con libertad las nuevas ideas sociales y filosóficas que en esos tiempos conmocionaban a Europa y, que por la vía del ilustrado párroco, llegaban hasta el modesto pueblo de San Felipe.

Sería justo referirnos a Hidalgo como un auténtico representante del la "Ilustración Mexicana", pues él, evidentemente, estaba influido por el espíritu de los Enciclopedistas franceses. Esta corriente de pensamiento liberal tiene una larga raíz, pero se hace presente y toma forma en México por medio de pensadores como los jesuitas Campoy, Alegre y Clavijero; o filósofos como Benito Díaz de

Gamarra, Ignacio Bartolache o Antonio Alzate, todos renovadores de la filosofía y la ciencia.

Hidalgo es partícipe y principal promotor de este renacimiento espiritual y filosófico nacido en la Nueva España; él es hijo de la cultura de su tiempo y perfectamente congruente con la pauta transformadora de su tiempo, interpretando las necesidades de la gente no ya desde el punto de vista de las estructuras en sí mismas, sino desde la condición humana, con independencia del orden y la jerarquía a la que se sujetan las personas; es por ello que el pensamiento, y más tarde la acción de Hidalgo, pueden asimilarse con toda naturalidad a humanismo ilustrado.

Su doctrina y su ejemplo fueron de influencia decisiva y profunda en López Rayón, en Morelos y en muchos otros insurgentes. Muchas de sus ideas fueron continuadas y desarrolladas por éstos, principalmente por Morelos, quien lo reconoció como su maestro y guía político.

3

Frente al *Santo Oficio*

A fines de 1797, Hidalgo recibe informes de que hecha la glosa de las cuentas relativas a su ejercicio de tesorero en el Colegio de San Nicolás, quedaban a su favor cerca de dos mil pesos, lo que se hace constar en actas. Pero dos años más tarde, y al parecer por maniobras políticas, se le acusa de malos manejos durante su administración, y se le adjudica un faltante de más de ocho mil pesos, cantidad en la que se incluye el salario del secretario comisionado para revisar las cuentas. Se le llega a exigir, más de siete años después de haber dejado la rectoría y la tesorería del colegio, hasta los intereses de cuentas que él no había manejado.

Hidalgo no reconocía más deuda que una contraída en 1794 con el Juzgado de Testamentos y Capellanías, pero ahora se le exigía una cantidad injustificable, amenazándolo, además, con el embargo de sus propiedades. A principios de 1800 se vio obligado a retirarse a su hacienda de Jaripeo, con objeto de dedicarse a su administración y poder cubrir, en pagos parciales, la deuda que se le había adjudicado.

En una ocasión, Hidalgo es invitado por el cura de Tajimaroa para que participe en los oficios religiosos de la Semana Santa. Durante una conversación con algunos sacerdotes y seglares huéspedes del cura, Hidalgo expone algunas opiniones que escandalizan a los oyentes, lo que dio origen a que fuera acusado de herejía ante el Tribunal de la Inquisición, que le abrió proceso el 16 de julio de 1800, por denuncia del fraile don Joaquín Huesca, quien se presentó ante el comisario de la Inquisición, denunciando a Hidalgo por haber afirmado que "Dios no castigaba en este mundo con penas temporales: por haber hablado con mucho desprecio de muchos papas en particular, y en general del gobierno de la Iglesia, al que califica de ser manejado por hombres ignorantes; por haber dicho que no se podía convertir a ningún judío que pensara con juicio; por haber negado que en el texto original de la Escritura constara el hecho de que había venido el Mesías; por haber expresado que Santa Teresa era una ilusa, porque como se azotaba, ayunaba mucho y no dormía, veía visiones y, porque en los quince día que había vivido con él en Tajimaroa, no lo había visto rezar el Oficio Divino, además de que le había dicho que si él (Hidalgo) fuera prelado, dispensaría del rezo en el coro, y también fuera del coro".

Abierta la causa, se acordó examinar a fray Manuel Estrada, quien se presentó ante el comisario de la Inquisición en Celaya, para ratificar los cargos en la acusación contra Hidalgo, agregando que éste había afirmado que la Biblia se leía de rodillas y que debía estudiarse con libertad de entendimiento y sin temor a la Inquisición. El mismo Estrada declara que había oído decir a Hidalgo que la sagrada eucaristía y la confesión auricular no se conocieron sino hasta mediados del siglo tercero; que las religiones son inútiles a la Iglesia de Dios, porque se fundaron en tiempos de ignorancia, y que no rezaba el Oficio Divino porque la Silla Apostólica había querido obligar a los eclesiásticos a lo que no obligaba a los seculares, y que, finalmente, Hidalgo había censurado el gobierno monárquico y deseaba la libertad francesa en América.

Mientras tanto, Hidalgo había abandonado rápidamente su hacienda y regresado al curato de San Felipe. Ya reinstalado, es invitado a asistir a la bendición del santuario de la virgen de Guadalupe, en San Luis Potosí, y a cantar la primera misa, lo que hizo el 10 de octubre del mismo año, asistido por religiosos franciscanos. En la corrida de toros, celebrada tres días después, Hidalgo ocupó el palco de honor, acompañado por las personas más importantes de la ciudad, entre las que se encontraba el entonces coronel Calleja.

Antes de que se iniciara la fiesta, se ordenó despejar la plaza, operación que realizó la Primera Compañía del Regimiento de la Reina, mandada por el teniente don Ignacio Allende.

Hidalgo permaneció en San Luis Potosí hasta principios de 1801, para regresar a San Felipe. Su hacienda de Jaripeo había quedado encomendada a su amigo, también sacerdote, García Carrasquedo, quien había logrado aumentar los rendimientos.

El proceso que le seguía la Inquisición seguía su marcha. El 20 de diciembre de 1800 se había interrogado a Fray Ramón Cassaus, quien declaró que tenía formado muy mal concepto de Hidalgo por lo que se decía de su vida escandalosa, y de la comitiva de gente villana que comía, bebía y bailaba en su casa, pero que no había querido escuchar particularidades de su modo de vivir, a pesar de haber podido obtener dichos informes de don Diego Bear y Mier, quien tenía mucho conocimiento de él. Agregó saber que hablaba mal de las religiones y principalmente del Gobierno. Por su parte, el cura Bear declaró favorablemente a Hidalgo, afirmando que no había oído a éste conversaciones contra las órdenes y las máximas religiosas, sino solamente contra el cumplimiento de las obligaciones de algunos religiosos en particular.

Otro testigo fue don Antonio Romero, quien reconoció que el reo "era uno de los más finos teólogos, y de genio travieso en línea de letras", declarando que en quince días que lo conocía no le había observado cosa que notar contra sus costumbres ni contra la religión cristiana.

El presbítero don Pedro Barriga declaró haber oído decir que algunas personas habían recibido de Hidalgo proposiciones escandalosas, pero elogió su sabiduría, docilidad y humildad, agregando que en aquel tiempo estaba entregado todo al cumplimiento de su ministerio y llevaba una vida ejemplar. Por su parte, el doctor Ignacio Palacios, dijo que a fines de 1799 le había hecho fray Manuel Estrada una consulta sobre si estaba obligado a delatar a Hidalgo, a quien había oído varias proposiciones, unas impías, otras escandalosas, y otras francamente heréticas, entre ellas, que los soberanos eran unos déspotas tiranos y otras proposiciones de las que no hacía memoria aunque eran de igual gravedad y naturaleza, agregando que don José Manuel de Santo, vecino de San Felipe, se negaba a permitir la concurrencia de Hidalgo en su casa, por la libertad con que se conducía en materias de religión y Estado; que el reo en dicha villa había tenido una vida muy disipada, desatendiéndose enteramente de las obligaciones de su parroquia y entregándose a músicas, bailes y juegos; pero que desde la cuaresma de aquel año oyó decir que había mudado de conducta. Interrogado don José Manuel de Santo, declaró que lo que sabía de Hidalgo era que generalmente lo tenían por "afrancesado" y que hablaba con mucha libertad.

Enviados los autos en septiembre de 1801 al Inquisidor Fiscal, éste calificó la acusación presentada contra Hidalgo como de la mayor gravedad, aunque agregando que se carecía de pruebas y que además, por informe del Comisario, se sabía que en aquel tiempo ya estaba reformado y haciendo una vida ejemplar, por lo que pidió que se suspendiese la causa "hasta más pruebas", y se archivase, previa anotación del nombre del reo en los registros respectivos.

Sin embargo, un mes después, era denunciado por los frailes carmelitas de Valladolid, acusado de leer libros prohibidos y de sustentar ideas peligrosas.

4

Pensamiento y trabajo

En septiembre de 1803, falleció su hermano mayor, quien era el cura del pueblo de Dolores, lo que Hidalgo toma como una oportunidad para liberarse de la insidiosa observación de sus enemigos, por lo que pide, y le es concedido, el curato del pueblo de Dolores, en sustitución de su hermano muerto.

Poco después de haber llegado a Dolores, hace un viaje a Valladolid para recibir órdenes de la Mitra, y aprovecha la ocasión para estudiar el expediente de las cuentas de su cargo de tesorero en el Colegio de San Nicolás, nombrando un apoderado con facultades para transigir en el negocio. A mediados de 1804, nuevamente en Valladolid, ante escribano público otorga escritura legal, concediendo pensión vitalicia de doscientos pesos anuales a su amigo fray Vicente Villalpando, con lo que realiza un acto de generosidad y al mismo tiempo pone a salvo su hacienda de Jaripeo, que estaba valuada en cuarenta y cuatro mil pesos y gravada en veintiséis mil, de los cuales quince mil correspondían a su deuda con el Juzgado de Testamentos y Capellanías de Valladolid, incluyendo los réditos vencidos. Al imponer sobre su hacienda el nuevo gravamen que representaba la pensión vitalicia concedida al fraile Villalpando, impedía que se pudiera disponer de aquella por razón de la hipoteca anterior.

Hasta muy avanzado ese año quedó concluido, favorablemente, el asunto pendiente con el Colegio de San Nicolás, relativo a las cuentas del tiempo que tuvo a su cargo la tesorería del mismo.

En Dolores, Hidalgo retoma el estilo de vida y trabajo que había tenido en San Felipe. A poco de llegar a aquella población hace donación al Ayuntamiento de la casa que había heredado de su hermano José Joaquín y se traslada a la Casa del Diezmo. De los solares que pertenecían a la Iglesia, destina uno a construir una casa en la que establece varias industrias, como una alfarería, una carpintería, un telar, una herrería, una curtidora y una talabartería. A orillas del río construye una noria para labores de riego y manda sembrar ochenta moreras para la cría de gusanos de seda; establece colmenares de abejas traídas de La Habana y siembra millares de vides que hace propagar en las huertas de todo el pueblo.

Por las noches se convierte en maestro y da lecciones a sus obreros en los talleres, con lo que se consigue que alcancen pronto notables adelantos en su trabajo artesanal. Influido por las nuevas ideas, decía que *por mucho que hicieran los gobernantes, sería nada si no tomaban por cimiento la buena educación del pueblo, que ésta era la verdadera moralidad, riqueza y poder de las naciones*, censurando que el todo de una nación hubiera sido reducido a la nada, dejándola abandonada a merced de una vergonzosa ignorancia que la ponía en una despreciable condición.

En los talleres que dirige Hidalgo llega a fabricarse loza fina de hermosa decoración; artefactos de cuero de gran perfección; muebles de buena calidad; monedas de cobre que contribuyen a facilitar los cambios; telas de lana y de

Miguel Hidalgo se encargó de la parroquia de Dolores. Con el dinero que se le asignaba, el cura creó pequeñas industrias para satisfacer las necesidades locales.

seda de muy buena clase. De los viñedos se obtienen buenos vinos y de los panales abundante miel y cera que se utiliza en la elaboración de velas que se consumen en los oficios divinos.

En el curso de la mañana, después de decir misa en la iglesia situada al otro lado del río, visitaba los talleres para supervisar el trabajo de los operarios y hacerles las indicaciones necesarias. La casa en la que estaban establecidos era una verdadera escuela de artes y oficios, donde se aprendían operaciones lucrativas, un centro en el que el trabajo manual representaba un medio de emancipación y era exaltado como misión noble y creadora.

Después de su visita a los talleres leía hasta antes del mediodía, con infatigable interés. Su biblioteca no era copiosa, pero sí selecta. Sus obras predilectas eran las de Cicerón, del padre Serry, el abate Andrés y Calmet; leía también la Historia Antigua de México, por Clavijero, en italiano; la Historia Eclesiástica de Fleury; las lecciones de Comercio y de Economía Civil de Antonio Genovesi; las obras de Rolin, Buffon, Bossuet, Baseri; los enciclopedistas, Moliére y Racine. Otra de sus ocupaciones más estimulantes era el convivio con personas cultas, con quienes pudiera compartir sus gustos literarios y sus ideas filosóficas.

Siguiendo el ejemplo de los grandes civilizadores religiosos del siglo XVI, Hidalgo se consagra a la difusión y extensión del saber y de la industria entre los indios y los mestizos. Preocupado por el buen éxito de esta noble tarea, da en arrendamiento su hacienda para dedicarse exclusivamente a sus empresas de maestro. De las industrias que establece e impulsa, sólo los cultivos de la vid y de algunos olivos que había plantado, no tienen progreso, pero ello a causa de las restricciones impuestas por el gobierno.

Las últimas horas de la tarde las destinaba a atender el curato, y en la noche reunía a los obreros para hacerles lecturas y darles pláticas. Después celebraba tertulias a las que acudían gentes de diversa condición social, y en ocasiones bailaba al son de la orquesta que dirigía uno de sus parientes.

Como no le era posible atender convenientemente tanto la parroquia como las industrias que había establecido, decide delegar la administración de la parroquia, cediendo a su subalterno, el presbítero don Francisco Iglesias, la mitad de los ingresos, que ascendían a cerca de nueve mil pesos anuales.

Interesado en aumentar la producción de los talleres, hace un viaje a México en busca de ayuda del gobierno virreinal; pero no consigue nada. Sin embargo, los artículos producidos en ellos comienzan a circular en varias poblaciones, otorgados a crédito a comerciantes pobres, encargados de llevarlos a las ferias de los pueblos de la región.

Su obra de promotor y de creador de industrias en San Felipe y en Dolores fue tan fructífera que todavía existen algunos talleres creados por él.

Por aquel entonces, en Dolores, Hidalgo era ya un hombre mayor, de acuerdo a los estándares de la época, pues rebasaba los cincuenta años; sin embargo, se encontraba vigoroso y saludable, aunque una calvicie prematura le daba una apariencia de ancianidad; su trato era humilde y sencillo con la gente del pueblo, pero en su intimidad se iba configurando la figura histórica que llegaría a ser, tanto por la incubación de sus ideas transformadoras como por su entrega a la lucha cotidiana de la gente.

5

El espíritu de la revolución independentista

L as ideas de cambio, transformación e independencia de la sociedad que sustentan Miguel Hidalgo y muchos de los intelectuales criollos de México, no son sino la secuela, en la lógica de la historia universal, de la gran revolución democrática burguesa que se iniciara en Inglaterra desde el tiempo de los Tudor, que se continuó en los Estados Unidos de América y que tuvo su momento culminante en la Francia revolucionaria, donde se fijarían de una manera determinante las pautas de un nuevo estilo de gobierno y de vida, sustituyéndose el modelo feudal, basado en la posesión de la tierra y la servidumbre, por el modelo de la empresa productiva y la relación laboral a base de salario; cambiándose también el papel del Estado en la economía, en favor de la libre circulación de recursos, y la intolerancia intelectual y religiosa por las libertades de pensamiento, de conciencia y de expresión.

Visto lo anterior, las ideas revolucionarias de Hidalgo no proceden solamente de su particular inteligencia y sensibilidad, sino que encuentran su origen en las transformaciones que se producían en otras partes del mundo y que, en México, eran ciertamente de extrema vanguardia. Los lineamientos generales de esta nueva ideología podría expresarse en varias propuestas fundamentales, como son: la supremacía de la razón como sustento del conocimiento; el libre albedrío como fuente de la elevada espiritualidad; el respeto a los derechos elementales del hombre, y de manera especial, en términos políticos, la noción de que la soberanía radica esencialmente en el pueblo.

El movimiento independentista en México, coincidente con la lucha emancipadora de toda América Latina, no fue solamente de índole política, sino principalmente ideológica, y su búsqueda fue la transformación de las estructuras sociales, por lo que es perfectamente válido el calificarla de "revolucionaria", puesto que se luchaba contra la desigualdad política y la injusticia social, contra el régimen de propiedad imperante y el sistema de castas establecido.

En su aspecto fundamental, la revolución de independencia de México constituyó una fase decisiva en el proceso de disolución del imperio español, máximo representante, en esos momentos de la historia, del 'viejo orden', que se encontraba ya en su fase terminal, por lo que no podía mantenerse con otro recurso que no fuera la represión, como una forma desesperada de sobrevivencia; pero ya no podía continuar existiendo, pues en términos pragmáticos, su modelo económico estaba ya rebasado por el floreciente capitalismo. Sin embargo, en México, el movimiento de independencia tiene su principal motivación en la necesidad de una transformación agraria, siendo un país con gran arraigo campesino. En realidad, desde mucho tiempo antes del estallido del movimiento independentista, la inquietud campesina, y de los trabajadores de las minas, estaba encaminada a cambiar algo más que su ancestral pobreza: se buscaba una nueva forma de vida y de trabajo, una auténtica emancipación respecto de los detentadores del régimen de propiedad latifundista, de origen feudal, que se había establecido desde la Conquista. Esto explica que el movimiento iniciado por Hidalgo haya tenido el carácter franco de una revolución social que implicaba un conjunto de reivindicaciones agrarias y sociales, como la distribución de tierras y la abolición del régimen de 'tributo' al que estaban sometidos los indios y las castas, aunque la independencia se haya consumado con un carácter contrarrevolucionario, para lograr únicamente la independencia política, es decir, la mera disolución de lazos que unían a México con España. En su origen y en su esencia, el movimiento fue siempre claro en cuanto al anhelo de suprimir las desigualdades sociales y jurídicas determinadas por las diferencias raciales, reconocidas por la costumbre e incluso por la legislación imperante.

En el orden político, fue un movimiento que reclamaba la instauración de un régimen de democracia social y de libertad humana, sustituyendo el sistema tiránico imperante por una organización democrática parlamentaria.

Fue también una guerra económica en contra del sistema de prohibiciones en materia agrícola, industrial y comercial, sistema que beneficiaba a España y a un sector reducido de la población de nuestro país. Estas circunstancias explican los decretos y bandos de Hidalgo, Morelos y otros jefes insurgentes, sobre abolición de estancos, pago de alcabalas y libertad de entrada para las mercancías extranjeras.

En otro aspecto, la lucha emancipadora fue una guerra religiosa, no sólo porque representó para los bandos beligerantes la oposición entre dos cultos religiosos: el de la virgen española de los Remedios y el de la mexicana virgen de Guadalupe, sino también porque fue una guerra interna del clero, cuyos altos representantes adoptaron la causa del gobierno español, en tanto que el bajo clero, en número importante, se afilió con entusiasmo a la causa insurgente, presentándose dos posiciones antagónicas dentro de la misma institución católica: la del excomulgante y la del excomulgado, la del terrateniente y la del siervo. La virgen de Guadalupe simbolizaba la religión de los naturales oprimidos, y su imagen se convirtió en la bandera de la insurgencia. Sobre esto escribió el poeta Manuel Gutiérrez Nájera:

> *Tuvo los caracteres de una de esas grandes guerras religiosas que solían incendiar a los países en el pasado, y los de una guerra económica, de una guerra por hambre... ¡A matar españoles! Es decir, a repartir sus bienes, a vengarse del amo duro, del hacendado avaro; a tomar desquite de los azotes y de la tlaxpiquera.*

Para acentuar el carácter religioso de este gran levantamiento popular, debe tenerse en cuenta, asimismo, que sus principales caudillos eran sacerdotes, curas humildes en contacto íntimo y directo con la miseria y el dolor del pueblo explotado. El clero alto mezclaba sus mundanos intereses con los del gobierno español; pero el clero bajo adopta una verdadera postura espiritual al colocarse del lado de los oprimidos. De ahí también el carácter religioso de la insurrección iniciada en Dolores.

Finalmente, la guerra emancipadora fue una guerra civil, es decir, una lucha interna caracterizada por la incorporación de los mexicanos, unos al bando realista, los otros al insurgente, mientras los españoles emigraban a sus lugares de origen, o seguían disfrutando de sus canonjías.

Precisamente una de las causas que prolongaron por tanto tiempo la guerra de Independencia, y que contribuyeron a debilitar el vigoroso impulso inicial, fue que muchos criollos y mestizos, temerosos de la violencia y preocupados por el programa agrario de ésta, prefirieron militar en los ejércitos realistas o apoyar con sus caudales la causa del gobierno español, convirtiendo la lucha en una verdadera guerra civil en la que los mexicanos lucharon entre sí de una manera implacable. Dado su carácter radicalmente transformador, los españoles y mexicanos privilegiados apoyaron al bando que protegía sus intereses, soslayando los valores humanísticos y la tendencia progresista de la revolución.

De las cuatro grandes etapas de la guerra de Independencia: iniciación, organización, resistencia y consumación, la primera es sin duda obra de la inteligencia y la pasión de Miguel Hidalgo; sólo Morelos, caudillo de la segunda etapa, logró superar el pensamiento audaz y la obra de reforma social de Hidalgo. Pero Morelos mismo, auténtico representante de las clases explotadas de la población colonial y fiel intérprete de la revolución, no fue sino un continuador de la empresa comenzada por Hidalgo y un producto de la lucha que, al desenvolverse, fue precisando sus fines y su programa, mismos que Hidalgo había formulado ya en el curso de su breve acción política y militar.

6

La conjura

A mediados de 1807, Hidalgo fue de nuevo acusado ante el Tribunal del Santo Oficio. Ante el comisario de San Miguel el Grande se presentó el presbítero don Manuel Castilblanc y declaró que en el año de 1801 fray Manuel Estrada le había hablado de ciertas proposiciones, unas escandalosas y otras heréticas que éste había oído de labios de Miguel Hidalgo. A principios de mayo de 1808, y ante el comisario de la Inquisición en Querétaro, se presentó la señora María Manuela Herrera, denunciando a Hidalgo por haber oído de éste que el Niño Dios nacido en Belén no había padecido, porque Dios no tenía necesidad de padecer. Dijo, además, que al preguntarle que quién era el que había padecido, Hidalgo le respondió que un hombre a quien se le antojó morir y que, en otra ocasión, estando ambos conversando, Hidalgo afirmó que no había infierno ni diablos.

El secretario, que hacía de fiscal, el 8 de junio del mismo año, declaró que eran necesarias más pruebas para proceder, dejando en suspenso la causa.

Nueva denuncia se presentó en 1809, al ser informado el Tribunal de la Inquisición, por fray Diego Miguel Bringas de que el 15 de marzo de 1809, habiendo pasado por el pueblo de Dolores había visto en poder de Hidalgo algunos libros prohibidos, como el Serry, el Agustín Leblanc, bajo el falso nombre de Tratado de Auxilios, y las Disertaciones histórico-crítico-polémicas de Cristo y la virgen su madre, cuyo autor atacaba la obra de la venerable Madre Agreda, agregando el denunciante que el mismo Hidalgo promovía esa crítica prohibida, aconsejando que se predicara contra la doctrina de la Madre Agreda, a la que llamaba "vieja ilusa". Concluye diciendo que hace dicha denuncia por no constarle que Hidalgo tuviese permiso para leer libros prohibidos.

Mientras tanto, la Nueva España comenzaba a agitarse ante la crisis social y política que conmovía a España, invadida por los ejércitos de Napoleón. En 1808, los licenciados Verdad y Azcárate, síndico y regidor del Ayuntamiento de México, respectivamente, proclamaban que, ante la ausencia de los príncipes españoles, prisioneros en Francia, en nuestro país la soberanía había recaído en el pueblo, doctrina que oidores e inquisidores declararon herética y subversiva. El virrey Iturrigaray, acusado de simpatía por los criollos, era derrocado por una conjuración de españoles y sustituido por el anciano mariscal de Pedro de Garibay. En Valladolid se descubriría una conspiración de criollos interesados en hacer la independencia de la Nueva España.

Hidalgo asistía como espectador entusiasmado al desarrollo de esos sucesos, de los que se enteraba principalmente a través de las gacetas, cuyas noticias despertaban vigorosas aspiraciones de independencia en los súbditos novohispanos.

A finales de 1808, Hidalgo iniciaba una estrecha amistad con el teniente Ignacio Allende, quien lo visitó brevemente en Dolores, lo que permitió a ambos darse cuenta de su afinidad en ideas y aspiraciones políticas. A partir de

44

entonces, Hidalgo había de iniciar sus actividades de conspirador revolucionario.

A principios de 1810, Hidalgo marcha a Guanajuato, donde se aloja en la casa del cura Labarrieta y se pone en contacto con sus viejos amigos de la ciudad, además de concurrir a toda clase de eventos sociales. A pesar de sus limitantes de tiempo, fue un tiempo de reflexión y lectura, incluyendo, como algo inusitado, un diccionario sobre artillería y fabricación de cañones que pidió prestado a un amigo.

De regreso en Dolores, hizo construir en sus talleres unos pequeños cañones, con el pretexto de necesitarlos para hacer salvas y así dar mayor lucimiento a las fiestas religiosas.

A fines de febrero del mismo año, Hidalgo y Allende llegaron a Querétaro y se dedicaron a visitar a sus amigos clérigos y en general a personas cultas de la ciudad. Uno de ellos, el doctor Iturriaga, de acuerdo con Hidalgo y Allende, formulaba un plan revolucionario que establecía la creación de juntas secretas en las principales ciudades del país, las que, después de hacer propaganda en contra del gobierno español, y una vez iniciada la lucha por la independencia, deberían deponer a las autoridades españolas y apoderarse de los bienes de los españoles que opusieran resistencia, aplicando dichos bienes a los gastos de la empresa. Derrocadas las autoridades, el gobierno de las ciudades debería encargarse a una junta compuesta por los representantes de las provincias, quienes desempeñarían sus funciones en nombre de Fernando VII, aunque las relaciones de sumisión y obediencia a España deberían quedar enteramente disueltas.

De ahí, Hidalgo marchó rumbo a su hacienda de Jaripeo, y ya de regreso en Dolores se dedicó con gran empeño a hacer propaganda a favor del plan revolucionario, en tanto que Allende viajaba a distintos puntos del país para lograr adeptos y nombrar confidentes.

En España, seguía la lucha del pueblo contra el invasor francés. En mayo de 1810, para sustituir legalmente la autoridad de los reyes españoles, prisioneros de Napoleón, se estableció una Regencia, misma que decidía que la Real Audiencia sustituyera en el gobierno de la Nueva España al Virrey Lizana, quien había sido nombrado un año antes por la Junta Central de España.

Como efecto de la propaganda revolucionaria de Hidalgo, Allende y otros conspiradores, de acuerdo con el plan aprobado en Guanajuato, crearon juntas secretas en San Miguel el Grande, en Querétaro, Celaya, Guanajuato, San Felipe, San Luis Potosí y otras poblaciones. Se había acordado desde un principio que la junta principal sería la de San Miguel; pero, en realidad, la más importante vino a ser la de Querétaro, y esto en razón de su posición geográfica y de ser un centro importante en materia de comercio y con muchas vías de comunicación.

En principio, se acordó que la insurrección se iniciaría el 1° de diciembre de 1810, en San Juan de los Lagos, aprovechando que en ocasión de la feria anual que ahí se realizaba, se reuniría una cantidad de gente que en ocasiones rebasaba a los cien mil individuos.

Por sugerencia de uno de los conspiradores, se decidió que Hidalgo acaudillara el pronunciamiento, dado que se trataba de un sacerdote, y era reconocido como un hombre humanitario y de gran cultura, por lo que representaría, de manera simbólica y real, las virtudes del movimiento.

En el último cuarto del siglo XVIII, una tempestad política y espiritual agitó profundamente la conciencia de los hombres. En las colonias de Norteamérica, los súbditos del monarca inglés proclamaban los Derechos del Hombre y rompían los lazos con la metrópoli, afirmando su independencia en un proceso revolucionario que había durado siete años. En Francia, la burguesía lanzó al pueblo en contra de la monarquía absolutista y proclamaba una Declaración de los Derechos del Hombre y del Ciudadano, inspirada en el evangelio de libertad, igualdad y resistencia a la opresión, alimentados por las ideas de los filósofos franceses de la Ilustración, principalmente J. J. Rousseau y los Enciclopedistas.

Al resplandor de la hoguera de las revoluciones norteamericana y francesa contemplaron las colonias españolas del nuevo mundo una aurora de libertad exaltada por el ejemplo de sacrificio y heroísmo de los insurrectos franceses y norteamericanos.

A partir de 1808, y cuando el avance del nacionalismo francés, representado por los ejércitos de Napoleón Bonaparte, produjo la invasión de España, los súbditos de la corona de España en América hubieron de disponerse a iniciar una vigorosa y tenaz lucha por la conquista de sus derecho. En la Nueva España, como en otras colonias, el terreno había sido ya abonado por las teorías de los pensadores europeos que, a partir de Locke, habían iniciado y realizado una revolución en las conciencias, proclamando la tesis del Contrato Social y de la soberanía de los pueblos frente a la doctrina que identificaba la autoridad del Estado con la de los monarcas, y establecía el origen divino de los poderes monárquicos.

Eclesiásticos, militares y letrados, influidos por las nuevas ideas a pesar de la férrea vigilancia de la Inquisición y de las autoridades españolas, habían adquirido ya una conciencia política que se manifestaba en una vigorosa aspiración a la independencia de sus países. En la Nueva España, ante la descomposición interna de la metrópoli, producida por la invasión napoleónica, habrían de intensificar su propaganda y sus esfuerzos en favor de la emancipación política del país.

Hidalgo fue uno de los frutos de ese grandioso movimiento espiritual que despertaba aspiraciones libertarias soterradas e impulsos de rebelión política e intelectual. Como representante destacado de la Ilustración en nuestro país, Hidalgo había forjado su espíritu enciclopédico y revolucionario en la lectura de los libros prohibidos y en el contacto con la realidad social de su pueblo, víctima de un sistema de prohibiciones y de explotación económica. Precisamente su gran erudición y su prestigio intelectual, así como su relevante personalidad de hombre, de maestro y de civilizador, habrían de señalarlo como el caudillo de la empresa dirigida a conseguir la independencia nacional.

Después de aceptar el nombramiento como jefe de la insurrección que se preparaba, Hidalgo hubo de presentarse ante la Junta de San Miguel el Grande, cuyos miembros habían aceptado por unanimidad su designación. Poco después comparecía ante la junta de Querétaro y enseguida se dirigiría a Valladolid para el arreglo de algunos asuntos en la Mitra.

De vuelta a Dolores, continuó con gran entusiasmo su labor revolucionaria, logrando nuevos adeptos y ordenando la fabricación de armas con obreros que trabajaban a puerta cerrada.

7

Al descubierto

L a labor de las juntas revolucionarias no podía permanecer por mucho tiempo en el secreto. Espías del gobierno español vigilaban afanosamente las actividades de los intelectuales de las provincias e informaban oportunamente de sus actividades a los funcionarios de la capital. Por fin, de San Miguel, el 9 de septiembre de 1810, partió la primera denuncia formal de conspiración, acusándose, principalmente a Allende y Aldama. Al día siguiente, en Querétaro, uno de los mismos conjurados, al capitán Joaquín Arias, temeroso de que el plan hubiese sido descubierto y queriendo ponerse a salvo, se denunciaba a sí mismo y denunciaba a sus compañeros ante el Sargento Mayor de su regimiento. En Guanajuato, tres días después, el mayor Juan Garrido se denunciaba como comprometido con Hidalgo en el plan de independencia, y el teniente Riaño, en el parte de la denuncia de Garrido que se rendía al Virrey, pedía a éste la mayor atención para el movimiento sedicioso que se fraguaba, porque Hidalgo era "hombre de cabeza", y el pueblo era su amigo. En Querétaro, el día 14, el doctor Iturriaga, quien junto con Hidalgo y Allende era autor del plan de independencia formulado en febrero, al verse en artículo de muerte denunciaba la conjura a su confesor.

Mas la denuncia que realmente vino a precipitar los acontecimientos fue la del cura don Rafael Gil de León, que el mismo día 14 se presentó en casa de don Miguel Domínguez, Corregidor de Querétaro, denunciando la conspiración y obligando a éste a proceder en contra de sus mismos cómplices, aunque con el propósito de ganar tiempo y buscar la manera de salvarlos.

No pudo evitar Domínguez que el alcalde de Querétaro liberara orden de aprehensión en contra de los conjurados de la ciudad. En Guanajuato, el intendente Riaño ordenaba la aprehensión de Hidalgo. En el mismo Querétaro, el comandante García Rebollo dirigía orden al mayor del Regimiento de la Reina para que procediera a poner en prisión a los capitanes Allende y Aldama. Mientras esto ocurría, tres conjurados marchaban de Querétaro a San Miguel el Grande para anunciar a Allende que la conspiración había sido descubierta; se trataba de don Francisco Loxero, quien tomaba el rumbo de Celaya para poner sobre aviso a los conjurados de esa ciudad; don Mariano Lozada, enviado del marqués de Rayas, y don Ignacio Pérez, enviado de doña Josefa Ortiz de Domínguez, que recorría las quince leguas que separan a Querétaro de San Miguel y, después de no encontrar a Allende en ésta, seguía, acompañado de Aldama, con rumbo a Dolores.

El historiador Luis Castillo Ledón, en su obra *Hidalgo, la vida del héroe*, narra lo que sucedió en esos momentos difíciles: "Desde su arribo a San Miguel en la mañana del día 8, el capitán Allende no había dejado de estar en actividad, poseído de una especie de 'frenesí', como él mismo lo llamara. Siguió carteándose con Hidalgo y con los aliados de Querétaro. Mientras tanto, la junta conspiradora de San Miguel seguía funcionando con gran animación en el entresuelo de la casa de Domingo, el hermano de Allende,

Bajo la apariencia de inofensivas veladas literarias, Josefa Ortiz de Domínguez organizó reuniones para conspirar contra la dominación española.

donde se reunían noche a noche, mientras en el piso alto se bailaba, lo que era parte de un tinglado dispuesto para el despiste.

Trascurrida de ese modo una semana entera, Hidalgo, cuya actividad no desmayara tampoco, tuvo noticias procedentes de Guanajuato de que había orden de aprehensión en contra de Allende, por lo que mandó llamarlo con urgencia. El día 14, Allende partió después de la hora de comer, acompañado de su asistente Francisco Carrillo, llegando a Dolores a eso de las seis de la tarde. Como no encontró a Hidalgo en su casa fue a buscarlo a la de su compañero de armas, el español don José Antonio Larrinúa, pues le habían informado que se encontraba ahí de visita. La casa de Larrinúa se encontraba a espaldas de la de Abasolo, en el callejón contiguo a la parroquia. Se hizo anunciar el capitán y a nadie sorprendió su presencia, pues eran frecuentes sus viajes a Dolores.

Habiéndose enterado Allende de lo que se tramaba en su contra, entraron en pláticas él y su compañero, mas como la vaguedad de las noticias no permitía tomar una determinación, decidieron esperar hasta el día siguiente para recibir las noticias que pudieran llegarles, quedando, como de costumbre, alojado el capitán en casa del cura.

El día siguiente tampoco se obtuvo la información suficiente como para tomar una determinación, pues todo seguía siendo vago e impreciso. Esta situación propició su intranquilidad, por lo que, ya en la noche del día 15, Hidalgo se encaminó a la casa del subdelegado, don Nicolás Fernández del Rincón, en tanto que Allende, que había tenido la precaución de permanecer oculto, se mantuvo a la expectativa.

Con cierta frecuencia, Hidalgo acudía a la casa de don Nicolás a jugar a las cartas en compañía de los vecinos principales del pueblo. En aquella ocasión se proponía obtener información desde la propia fuente de la autoridad, además de sondear los ánimos y saludar al colector de los diezmos, don Ignacio Diez Cortina, quien ahí se alojaba. Precisamente hacía once días que este funcionario había llegado a Dolores para encargarse de esa jurisdicción, por lo que podía tener una visión más fresca de lo que se comentaba en la capital. Pronto se formaron las mesas para el juego de cartas entre los asistentes. Hidalgo formó la suya con doña Teresa Cumplido, esposa del subdelegado, y con doña Encarnación Correa. Hacia las diez le avisaron que una persona lo buscaba, por lo que bajó al patio de la casa, volviendo después de un rato para continuar su partida. Según su costumbre, a las once se puso en pie para retirarse; pero antes de hacerlo, pidió a Diez Cortina que le facilitase doscientos pesos de los fondos del diezmo; la esposa del colector lo llevó a tomarlos a la habitación donde se encontraba la caja de caudales. Finalmente se marchó Hidalgo sin haber obtenido noticia alguna.

Mientras tanto, ese mismo día, en la mañana, había partido de Querétaro el alcaide Ignacio Pérez con el aviso de doña Josefa Ortiz de Domínguez, la corregidora, dirigido a Allende. La información provenía de Mariano Lozada, quien fue el primero en llegar a San Miguel con la noticia, adquirida en México, del descubrimiento de la conspiración, aunque ignoraba el asunto de las órdenes de aprehensión. Ignacio Pérez prefirió caminar de noche, pues así podría avanzar con menor riesgo de ser sorprendido, aunque con mayor dificultad por la densa oscuridad.

Aquel día, en San Miguel, una solemne fiesta religiosa, costeada por el coronel don Narciso María Loreto del Canal, jefe del Regimiento de la Reina, animó la villa durante algunas horas; se cantó misa, con motivo de la octava de la virgen de Loreto, en la capilla de su nombre, se realizó un desfile del regimiento, y terminó la fiesta con una comida, ofrecida por el coronel y su esposa. En estos actos fu notoria la ausencia del capitán Allende, lo que resultó inquietante para todos. En cambio, el capitán Aldama asistió a todos los eventos, y por la noche se encaminó a reunirse con sus compañeros conspiradores.

A eso de las diez de la noche, el emisario Ignacio Pérez hacía su entrada en San Miguel, tras un recorrido de quince o dieciséis leguas, y se dirige a la casa de don José Domingo Allende, donde se oía el son de la música y el estrépito del baile en la planta alta. Toca presuroso la puerta y una criada le sale a abrir; al preguntarle por don Ignacio Allende, la mujer le responde que se ha ido a Dolores, para visitar al cura Hidalgo. En ese momento se presenta Aldama, el alcaide le dice atropelladamente que es un enviado de la corregidora y que su encargo es avisar a Allende que la conjura había sido descubierta y los conspiradores apresados, además de que ya venían en camino los soldados con la consigna de aprehender a los otros conjurados entre ellos a él.

Seriamente alarmado, el capitán abandona la casa de don Domingo, va a la suya para tomar su caballo y los enseres necesarios, y se pone en camino sin tardanza con rumbo a Dolores, con sólo doscientos pesos en el bolsillo. No llevaba mucho tiempo de caminar cuando, sin esperarlo, alcanza a Ignacio Pérez, que en vez de quedarse en San Miguel o regresar a Querétaro, quiso seguir adelante. Juntos siguen su camino hacia Dolores, y en cuatro horas llegan a su destino.

8

El grito

A las dos de la mañana del día 16 de septiembre, Aldama y don Ignacio Pérez llegaron a Dolores. Al saber Hidalgo que la conspiración había sido descubierta, decidido y enérgico exclamó: "¡Caballeros, somos perdidos; aquí no hay más recurso que ir a coger gachupines!".

Enseguida se acordó invitar a participar en la rebelión a los vecinos de la población. Hidalgo ordenó llamar a los operarios de sus talleres y a algunos amigos y parientes. Reunidos todos frente a su casa, desde la ventana de su cuarto de estudio los invitó a iniciar la lucha, dirigiéndose de inmediato a la cárcel, donde el mismo Hidalgo hizo poner en libertad a los presos. Inmediatamente marcharon al cuartel, donde se les agregaron algunos soldados, logrando apoderarse de las pocas armas que había en aquellas instalaciones militares.

Libres los presos, se arman con lo que tienen a mano y se suman a los primeros treinta insurgentes, con los que el grupo se forma de ochenta; van al cuartel y por sorpresa se apoderan de las espadas de una compañía que se encontraban almacenadas en ese lugar. El sargento mayor, José Antonio Martínez, jefe de la guarnición, se les une junto con unos cuantos de sus soldados.

Enseguida distribuyó Hidalgo a su gente para proceder a la aprehensión de los españoles. Allende y Aldama se ocuparon de detener al subdelegado Fernández del Rincón, que aunque criollo, era la autoridad y no se inclinaba a su partido, y al encargado del diezmo, Díez Cortina, sorprendiéndolos en sus habitaciones, donde los maniataron y se apoderaron del dinero que se encontraba en sus arcas. El padre Balleza, junto con otros insurrectos, se dirigió a la casa del padre Francisco Bustamante, sacristán de la parroquia y espía de la Inquisición, aprehendiéndolo con facilidad. Mariano Hidalgo y Santos Villa se ocuparon del resto de los españoles, dieciocho en total, y los encerraron en la cárcel.

Eran las cinco de la mañana del día 16; a esa hora, Hidalgo, que había mandado llamar a misa más temprano que de costumbre, hizo irrupción con su gente en el anchuroso atrio de la parroquia. El campanero, conocido como "el cojo Galván", dio el toque de alba, que en aquellos instantes resultaba simbólico, y enseguida se puso a llamar precipitadamente a misa. Como era domingo y día de mercado, en poco tiempo se juntaron hasta doscientas personas. Hidalgo entonces, parado en el umbral de la puerta central del templo, habló a la gente de la siguiente manera:

Este movimiento que están viendo tiene por objeto quitar el mando a los europeos porque, como ustedes sabrán, se han entregado a los franceses, y quieren que corramos la misma suerte, lo cual no debemos consentir jamás.

Enseguida habló con vehemencia del riesgo que corría la religión, a la que era necesario salvar a toda costa; de la condición privilegiada de los españoles y de la triste suerte de los hijos del país, quienes eran los verdaderos dueños de él; declaró que en adelante no pagarían ningún tributo; hizo un llamamiento franco a la rebelión, indicando que quienes se incorporaran a sus filas con arma y caballo recibirían un peso diario, y cuatro reales los de a pie. Terminó su arenga con las voces de "¡Viva la independencia! ¡Viva la América! ¡Muera el mal gobierno!", que exaltaron a los oyentes, quienes comenzaron a lanzar invectivas en contra de los gachupines.

Este llamamiento, hecho por un pastor de gran reputación delante de una feligresía con visos de fanatismo religioso, produjo el explosivo efecto que se deseaba; pero éste fue mucho mayor en esos momentos, porque el ánimo de la gente se encontraba motivado por su reciente participación en los ejercicios espirituales, conocidos como "desagravios", que se acostumbraba hacer en ese mes en casi todas las parroquias. Cuando escucharon en labios de su cura que la religión peligraba, muchos quedaron emocionalmente involucrados con el movimiento, pues aquello se percibía como una gloriosa cruzada destinada a destruir al gobierno y a los hombres enemigos de su culto, además de que se tendría el efecto secundario de eliminar los mecanismos de opresión económica.

Los feligreses, que ese día habían acudido a oír misa al tañer de la campana, se encontraron, sorprendidos, con que su guía espiritual, que antes les hablaba mansamente de caridad y amor, ahora había abandonado el púlpito y al aire libre erigía la tribuna revolucionaria para lanzar frases llameantes, invitando, en vez de la mansedumbre y la resignación, a la rebeldía y a la lucha por reivindicaciones que tal vez no estaban del todo claras para ellos, pero que estaban fuertemente enraizadas en el espíritu de los oprimidos. Se había encendido la chispa que podía convertirse en una vasta conflagración. El acto parecía espontáneo y no premeditado, y lo era en la forma, pero no en el fondo, pues sus orígenes se remontaban en el tiempo hasta la Conquista y era la expresión natural de un antagonismo ancestral; además de que las condiciones sociales y económicas prevalecientes desde tres siglos atrás le daban una plena justificación.

Sin embargo, el acontecimiento se había precipitado con la denuncia de la conjuración, y los hechos posteriores iban a sucederse con la misma rapidez, no dando lugar, por el momento, a otro plan que no fuera el derrocamiento de un sistema que había sido sensiblemente vejatorio para la inmensa mayoría de la población mexicana.

Muy poco tiempo después de su arenga, Hidalgo contaba ya con más de seiscientos hombres, quienes se desbordaron en la plaza. Los gritos de entusiasmo se sucedían sin cesar y el vocerío de la sublevación resonaba ya en toda la población; las campanas de la iglesia siguieron sonando durante todo el día, enarboladas por la misma gente del pueblo.

A fin de seguir armando su improvisado ejército, Hidalgo ordenó que se repartiera entre la gente una gran cantidad de hondas, mismas que se habían fabricado en uno de los talleres manejados por él, llamado "El Llanito", y también las lanzas que se habían construido en Santa Bárbara, las armas de fuego que se pudieran conseguir, así como caballos y monturas. De inmediato comisionó a Anacleto Moreno, quien acababa de llegar de San Luis Potosí, para que regresara a la región, en compañía de José de la Cruz Gutiérrez, e iniciara la labor de reclutamiento de campesinos para el movimiento; iguales comisiones mandó a Guanajuato, a Querétaro, a México, Guadalajara y otros lugares, para que se pusieran en contacto con los jefes de las juntas conjuradas y dieran el grito de Independencia.

Mandó invitar al capitán Mariano de Abasolo, quien era el jefe de la guarnición en Dolores, para que se uniera al movimiento, pero él había salido de su casa en las primeras horas con rumbo desconocido. Entonces encarga a Allende la organización de la gente para formar el primer ejército insurgente.

El capitán Allende procede a formar pelotones, designándole a cada uno un jefe, y los va alineando en una larga columna al costado norte de la plaza. Se agregan más vecinos del pueblo y los labriegos de los puntos comarcanos, y se les suma el destacamento entero del Regimiento de la Reina, integrado por treinta y cuatro hombres. Se termina de armar a todos en las mejores condiciones posibles, dadas las limitaciones, incluyendo las requisadas en los cuarteles del gobierno.

A las once de la mañana estaba completamente lista la columna, integrada por ochocientos hombre de los que la mitad eran de a caballo. Momentos después se presentó Hidalgo en su caballo prieto de pequeña alzada y dio la orden de sacar a los españoles de la cárcel, los cuales fueron traídos e integrados a la columna, montados en mulas.

La columna se detuvo en un paraje cerca de la hacienda de la Erre, cuyos dueños estaban ausentes, por lo que salió a recibirlos el administrador, don Miguel Malo, quien, de grado o por fuerza, puso a disposición de los insurgentes las armas que había en la hacienda, e incluso los instrumentos de labranza que se pudieran usar como tales; asimismo, hizo servir una abundante comida para los jefes sublevados en el comedor de la hacienda.

Estando en la Erre, se acercó furtivo un espía del ejército realista, el teniente de los Dragones de Querétaro, José Cabrera, acompañado de una escolta. El comandante de brigada García Rebollo había enviado una orden al mayor del Regimiento de la Reina Francisco Camúñez para que prendiese a Allende y Aldama, e hizo partir con ella a Cabrera, pero no encontró a los prófugos en San Miguel, pero de camino a Dolores los pudo localizar en la Erre y se volvió a Querétaro con sus hombres.

Por su parte, el intendente de Guanajuato, Riaño, influido por la denuncia del tambor Garrido y las noticias de los españoles que escaparon de Dolores, envió una partida de tropa al mando de Pérez Gálvez, coronel del Regimiento del Príncipe, y como segundo al sargento mayor Oñate, con orden de sofocar la revolución en su nacimiento, encomendando la aprehensión de Hidalgo al español don Francisco Iriarte, residente en su hacienda de Tlachiquera. Mas apenas bajaron la sierra de Santa Rosa hasta el rancho de El Chapulín, se dieron cuenta de que el movimiento de Dolores era más serio de lo que se suponía; ambos jefes se pusieron a discutir sobre la resolución que deberían tomar, y disgustados por su falta de acuerdo, Pérez Galván se volvió a Guanajuato y Oñate se dirigió con su gente a San Luis Potosí.

Eran las dos de la tarde cuando el ejército insurgente, nacido ese mismo día, se puso en marcha nuevamente. Era apenas un puñado de hombres mal armados que pretendía enfrentarse al poderoso ejército virreinal, compuesto de más de treinta mil plazas, sin contar con las de las Provincias Internas y Yucatán, que dependían de Gobernantes. La mayor parte de sus jefes y oficiales eran españoles de origen; el grueso de los soldados era de origen criollo o mestizo, pues a los indios puros les estaba vedado el servicio militar. El sostenimiento del ejército costaba anualmente alrededor de cuatro millones de pesos.

9

Los motivos de la tierra

Dentro de las muchas facetas del cambio revolucionario promovido por Hidalgo, es su contenido agrario
lo que llega a inquietar seriamente a las autoridades españolas, quienes tratan a toda costa de desvirtuar la influencia que había adquirido Hidalgo entre las masas
campesinas.

Desde lo profundo de la identidad nacional, los pueblos indígenas se levantan, dispuestos a conquistar lo que
les fue arrebatado tres siglos antes, cuando en su fantasía
los suyos habían vivido libres y eran dueños de esa misma
tierra por la que ahora peleaban, y en la que sus autoridades y sus dioses habían sido borrados, suplantados por otros
hombres y otros dioses cuyos propios descendientes seguían oprimiéndolos.

El pueblo vivía la sensación de haber despertado, y reconocía en Hidalgo a su ancestral caudillo, como si encar-
nara al propio Quetzalcóatl. De ahí que todos los ataques,
todas las admoniciones y todas las excomuniones de las
autoridades virreinales en realidad causaban el efecto contrario en el pueblo bajo, pues aumentaban la sensación de
encontrarse delante de un auténtico antagonista, frente al
cual se encontraba un hombre valeroso que hacía valer el

reclamo de la posesión de la tierra en favor de los oprimidos, quienes efectivamente la trabajaban, y que, en última instancia, constituía el único signo de propiedad por él reconocido.

Por tal causa se escucha al obispo Abad y Queipo anatemizar a Hidalgo, cuyo proyecto de sublevación es *por su naturaleza, por sus causas, por sus fines y por sus efectos, en el conjunto y en cada una de sus partes, notoriamente inicuo, injusto y violento, reprobado por la Ley Natural, por la Ley Santa de Dios y por las leyes de este Reino... Porque, en cuanto el Cura Hidalgo y sus secuaces intentan persuadir y persuaden a los indios, que son los dueños y señores de la tierra, de la cual los despojaron los españoles por conquista, y que por el mismo medio ellos la restituirán a los mismos indios. En esta misma parte (de la que yo no tenía noticia cuando formé los referidos edictos* —se refiere a otros edictos anteriores—, *y de cuya existencia estoy ahora bien informado), en esta parte, repito, el proyecto del Cura Hidalgo constituye una particular guerra civil, de anarquía y destrucción, asimismo eficiente entre los indios, castas y españoles que componen todos los hijos del país.*

No obstante, el propio Abad y Queipo, analizando alguna vez las condiciones de la vida en la colonia, expresaba: *...la ignorancia y la miseria de los indios los coloca a una distancia infinita de un español.* Y para corregir la mala distribución de la tierra recomendaba... *la distribución gratuita de las tierras ralengas entre los indios y las castas; la división gratuita de las tierras de comunidades entre los de cada pueblo... y una Ley agraria semejante a la de Asturias y Galicia, en que, por medio de locaciones y deducciones de veinte o treinta años, se permite al pueblo la apertura de tierras incultas de los grandes propietarios.*

Lo que propone Abad y Queipo es solamente una reforma, lo que es cualitativamente distinto de una revolución; por eso ataca a Hidalgo, el hombre que, impulsado por ideas más avanzadas, quería como condición indispensable para poner en práctica toda la gama de transformaciones sociales, la independencia del país, lo que de por sí era inaceptable para las autoridades españolas.

La cuestión agraria es una de los principales ejes sobre los que gira el movimiento independentista, y representa el cariz revolucionario que tanto temían los defensores del orden establecido; para Hidalgo, la cuestión no era sino el conseguir que el pueblo, en cuyo beneficio luchaba, alcanzara, al propio tiempo que su independencia política, su independencia económica.

¿Qué otro objeto podía tener su decreto sobre tierras, que tantos odios le atraía, en el que ordenaba que una vez que se hubieran recaudado las rentas vencidas por los arrendatarios de las tierras pertenecientes a las comunidades, las propias tierras se les entregaran a los indios? Con ésta y otras medidas revolucionarias, Hidalgo se convierte en un auténtico caudillo popular, fuertemente arraigado en la gran masa desposeída de la Nueva España, compenetrado de todos sus problemas, y dispuesto a irlos resolviendo a medida que las circunstancias creadas por la revolución desencadenada por él mismo lo fueran permitiendo. La tarea quedaría en manos de Morelos, a la muerte del caudillo, pero los rasgos programáticos de la reforma agraria son indudablemente obra de Hidalgo.

10

La toma de Guanajuato

La columna marcha durante diez días con rumbo a Irapuato. En camino se les van uniendo muchos indígenas y mestizos de la región y las plazas son tomadas sin derramamiento de sangre. En las poblaciones tomadas se procede al encarcelamiento de los europeos, la confiscación de sus bienes y el acopio de armas. Ahora estaban los insurgentes en vísperas de librar la primera batalla; de catorce a quince mil hombres sumaban ya en aquellos momentos, entre los de infantería y caballería, provistos de armas de fuego, lanzas o espadas, y los indios con flechas, hondas o simples garrotes. Al estandarte guadalupano se habían agregado las inscripciones: "Viva la religión", "Viva Fernando VII" y "Viva la América".

En la madrugada del día 28, el comandante Hidalgo mandó llamar a los Jefes Mariano de Abasolo y Ignacio Camargo, comisionándolos para que fueran a Guanajuato y entregaran al intendente Riaño un oficio de rendición, redactado en los siguientes términos:

El numeroso ejército que comando me eligió por Capitán General y Protector de la Nación en los campos de Celaya. La misma ciudad, en presencia de cincuenta mil hombres, ratificó

Al pasar por el santuario de Atotonilco, Hidalgo tomó el estandarte de la Virgen de Guadalupe, bandera y símbolo del movimiento insurgente.

esta elección que han hecho todos los lugares por donde he pasado; lo que dará a conocer a V. S. que estoy legítimamente autorizado por mi nación para los proyectos benéficos que me han parecido necesarios a su favor.

Éstos son igualmente útiles y favorables a los americanos y a los europeos que se han hecho ánimo de residir en este reino, y se reducen a proclamar la independencia y libertad de la Nación. De consiguiente yo no veo a los europeos como enemigos, sino solamente como un obstáculo que embaraza el buen éxito de nuestra empresa. V. S. se servirá manifestar estas ideas a los europeos que se han reunido en esa Alhóndiga, para que se resuelvan si se declaran como enemigos o convienen en quedar en calidad de prisioneros, recibiendo un trato humano y benigno, como lo están experimentando los que traemos en nuestra compañía, hasta que se consiga la insinuada libertad e independencia, en cuyo caso estarán en clase de ciudadanos, quedando con derecho a que se les restituyan los bienes de que por ahora, para las exigencias de la Nación,

Un crecido número de personas se incorporaba al movimiento, portando armas de fuego, hondas, machetes y algunos sólo garrotes y palos.

nos serviremos. Si, por el contrario, no accedieren a esta solicitud prudente, sin que esto acarree perjuicio a su familia. Nos batiremos como enemigos si así se determinase, pero desde luego ofrezco a la Señora Intendenta un asilo y protección decidida en cualquier lugar que elija para su residencia, en atención a las enfermedades que padece. Esta oferta no hace de temor, sino de una sensibilidad de que no puedo desprenderme. Dios guarde a V. S. muchos años, como desea su atento servidor Q. S. M. B. Miguel Hidalgo y Costilla... Cuartel General en la Hacienda de Burras, 28 de septiembre de 1810.

Antes de las nueve de la mañana, Abasolo y Camargo, acompañados de dos dragones y dos lanceros, llegaban por la calle de Belén a una de las trincheras que resguardaban el castillo de Granaditas. Enviada la comunicación a Riaño, éste hizo contestar a los comisionados que necesitaba consultar para resolver y que entretanto, uno de ellos podía llevar dicho aviso y otro pasar a la Alhóndiga con una venda en los ojos, según la regla de estos casos. Abasolo se volvió a llevar el aviso a Hidalgo, y Camargo fue conducido vendado y con toda clase de precauciones al interior de Granaditas. El intendente Riaño mandó formar su tropa y Camargo leyó en voz alta la carta de intimidación de Hidalgo, a lo que Riaño respondió:

Ya ustedes han oído lo que dice el cura Hidalgo. Este señor trae mucha gente, cuyo número ignoramos, como también si trae artillería, en cuyo caso es imposible defendernos. Yo no tengo temor, pues estoy pronto a perder la vida en compañía de ustedes; pero no creo que intento sacrificarlos a mis particulares ideas. Ustedes me darán las suyas, que estoy presto a seguirlas.

Se hizo un largo silencio, hasta que don Bernardo del Castillo, quien había sido designado capitán de la compañía formada con los españoles respondió, lleno de indignación, que no habiendo cometido crimen alguno, no podían someterse a perder su libertad y sus bienes, y que para defender una y otros, debían resolverse a pelear hasta morir o vencer. Todos aplaudieron esta arenga. El mayor Berzábal gritó: "¡Viva el Rey!", y los soldados contestaron en aclamación unánime: "¡Viva el Rey!"

Contando ya con la resolución de los militares y los

paisanos armados, el intendente Riaño redactó la siguiente contestación:

El Intendente de Guanajuato y su gente no reconocen otro capitán general que al Virrey de la Nueva España, ni más modificaciones en el gobierno que las que acordaren las Cortes reunidas en la Península.

Camargo regresó con la respuesta en la mano, y en el camino se encontró con las fuerzas insurgentes, a las que también Abasolo se había reunido y que venían en marcha hacia Guanajuato. Desde su salida de la hacienda de Burras, Hidalgo y su ejército pasaron por la venta de La Purísima, Santiaguillo, Puentecillas, Estanco del Pulque, Retiro y Marfil, siguiendo por la cañada de ese nombre, y poco antes de la una de la tarde, la avanzada comenzó a entrar en la ciudad por la calzada de Nuestra Señora de Guanajuato. El intendente tenía parte del batallón y de los paisanos armados en la azotea de la Alhóndiga, con bandera de guerra enarbolada; abajo, en la puerta, había una fuerte guardia, y reservas en el interior del edificio. Al tener a la vista las primeras avanzadas del ejército insurgente, se dio la orden de fuego, y habiendo caído muertos algunos indios, retrocedieron los demás precipitadamente. Entonces llegaron Hidalgo y su plana mayor y comenzó el verdadero asalto, con tanto ímpetu, que los defensores que se encontraban en el exterior, apostados en las trincheras, se replegaron al interior. En esta refriega resultó muerto el propio intendente Riaño, justo delante de la puerta del la fortaleza. Bien cerrada la Alhóndiga, el fuego se abrió con fuerza por las troneras y las almenas, secundado con gran intensidad por los europeos que se habían refugiado en la hacienda de Dolores, pegada al fuerte. Entonces los insurgentes buscaron la manera de vulnerar la entrada de la Alhóndiga. Habiéndose conseguido una buena dotación de madera de ocote, un joven valeroso, llamado Juan José María Martínez, conocido como "el Pípila", cubriéndose con una losa arrancada de la acera, bajo una lluvia de balas, acercó una buena cantidad de madera resinosa a la puerta de la Alhóndiga y le prendió fuego.

En este punto, se mandó decir a Hidalgo que la acción iba ya avanzada, y rápido salió del Cuartel del Príncipe, que había establecido como centro de operaciones, seguido por su comitiva de jefes, con excepción de Abasolo, quien se había ido a tomar el chocolate a casa de su amigo don Pedro Otero.

La puerta de la fortaleza ya se desplomaba, consumida por el fuego, cuando llegó Hidalgo. En el interior, el mayor Berzábal reconcentró a la entrada los soldados que pudo, pero ellos, totalmente desmoralizados, prefirieron defeccionar y pasarse al bando de los insurgentes, quienes rápidamente entraron en la Alhóndiga y se posesionaron del patio central, con lo que los defensores se dieron por vencidos después de cuatro horas de lucha.

Dueños de la plaza, los insurgentes dieron rienda suelta a su deseo de venganza. Los rendidos imploraban piedad, pero era en vano, no se perdonó a españoles ni a criollos. A pesar de su defección, la mayoría de los soldados realistas fueron muertos, salvándose solamente algunos que consiguieron quitarse el uniforme a tiempo y mezclarse con la multitud; entre los oficiales murieron los hijos de las principales familias de Guanajuato, quedando otros heridos, como el Gilberto Riaño, quien murió dos días después. Varios refugiados en la troje donde se encontraba el cadáver del intendente Riaño, fueron descubiertos y sacrificados. Los que permanecían en la hacienda de Dolores intentaron ponerse a salvo por la puerta falsa que daba a un puente construido sobre el río Cata; pero encontrándolo tomado por los asaltantes, se reunieron en la noria, como el lugar más seguro por su altura y solidez y ahí se defendieron hasta agotar sus municiones y morir, la mayor parte ahogados en la misma noria.

Al consumarse la victoria, el Ayuntamiento salió a entregar la ciudad a Hidalgo, llegando al Cuartel del Príncipe, donde se celebró un solemne Tedeum. Mientras tanto, el saqueo se generalizaba por toda la ciudad.

11

La guerra ideológica

En esos mismos días se habían expedido contra Hidalgo edictos de excomunión. El Arzobispo de México, don Francisco Javier Lizana, en exhortación dirigida a los habitantes de su diócesis el 24 de septiembre, advertía a los fieles del riesgo que corrían sus almas y la ruina que amenazaba a las personas si no cerraban los oídos a la tumultuaria voz que se había levantado en el pueblo de Dolores. Llamaba a Hidalgo precursor del Anticristo y exhortaba a sus feligreses para que no se dejaran engañar por él, que sólo buscaba su personal fortuna, y concluía invitándolos a volver a sus casas y al seno de sus familias.

Abad y Queipo, obispo electo de Valladolid, en la misma fecha expedía un edicto excomulgando a Hidalgo y a todos los que le siguieran, acusándolo de sedición, insultos a la religión y al monarca, perjurio y perturbación del orden público. Días después, el mismo Abad y Queipo se refería al proyecto de Hidalgo de restituir las tierras a los indios, calificándolo de anárquico y destructor.

En edicto del 11 de octubre, el Arzobispo Lizana declaraba válida y legítima la excomunión decretada contra Hidalgo por Abad y Queipo y, poco tiempo después, en nuevo edicto, decía a los fieles que el cura Hidalgo no les daría tierra y en cambio les quitaría fe.

Por su parte el obispo de Guadalajara, don Juan Ruiz de Cabañas, en edicto del 24 de octubre, hacía extensivas a los habitantes de su diócesis que abrazaran la causa de la independencia, las excomuniones pronunciadas contra el señor Hidalgo por el obispo de Valladolid, el arzobispo de México y el tribunal de la Inquisición, refiriéndose a la devastación y exterminio que debía producir el designio del cura Hidalgo, de querer entregar las tierras a los indios.

El tribunal de la Inquisición reanudaba la causa iniciada contra Hidalgo en 1800. De la Gaceta del 28 de septiembre de 1810 se acordaba sacar, para la reanudación del proceso, un párrafo en el que le atribuían las impías máximas de que "no había infierno, purgatorio ni gloria para que cada uno siga sus pasiones, queriendo hacer a sus secuaces semejantes a los brutos".

La insurrección dirigida por Hidalgo fue un levantamiento popular desordenado y violento, sin verdaderos caudillos militares. El ejército de Hidalgo era una masa informe, sin fusiles y sin recursos para adquirirlos. Su avance era operación de muchas horas, sus contingentes marchaban en desorden, semejando una cola gigantesca. Los indios iban cargando a sus hijos, carneros y cuartos de res; de los saqueos se llevaban las sillas, las mesas, las puertas y hasta las vigas de los techos. En esa época sólo actuó un pequeño grupo militar de no más de dos mil soldados profesionales, dirigidos por Allende. Este panorama puede dar razón de las derrotas militares que sufrió el ejército independentista en su primera etapa de lucha.

El elemento indígena era preponderante en este ejército y, en opinión de Bulnes, eran cuatro las motivaciones de este conglomerado: la exaltación que da en sí misma una masa numerosa, la posibilidad del botín de guerra, la exaltación religiosa y la exaltación patriótica. En esta perspectiva, podemos considerar que el movimiento, en sus albores, era una guerra de marcados tintes campesinos, condenada al fracaso circunstancial, tanto por su desorganización como por el desbordamiento de pasiones e impulsos primarios.

Por otro lado, desde un principio, la lucha insurgente sufrió el pernicioso efecto de las diferencias de criterio entre Hidalgo, que representaba el elemento civil, y Allende, quien representaba el elemento militar, contradicción que fue origen de constantes conflictos y pugnas, pues para Allende la revolución era una empresa bélica que debía realizarse con medios estrictamente militares, a pesar de que eso no era posible por la falta de armas y la inexperiencia militar de los insurrectos. Hidalgo, en cambio, comprendió claramente que la lucha, por su carácter popular, no podía realizarse sino como una revolución social, con todos los efectos devastadores que eso conlleva.

Como ya se ha dicho en estas páginas, el carácter revolucionario del movimiento, desde la perspectiva de Hidalgo, está relacionado íntimamente con el agrarismo; una de tantas demostraciones de esta orientación se podría encontrar en los edictos del Abad y Queipo, del 8 de octubre de 1810, y del Arzobispo Lizana, del 18 de octubre del mismo año; en el primero, Abad y Queipo dice:

En cuanto el cura Hidalgo y sus secuaces intentan persuadir y persuaden a los indios de que son dueños y señores de la tierra de la cual los despojaron los españoles por conquista, y que por los mismos medios ellos las restituirán a los indios... en esa parte, repito, el proyecto del cura Hidalgo constituye una causa particular de guerra civil, de anarquía y destrucción.

Por su parte, Lizana decía a sus feligreses:

Hijos míos, no os dejéis engañar; el cura Hidalgo, procesado por hereje, no busca vuestra fortuna, sino la suya. Ahora os lisonjea con el atractivo de que se os dará la tierra; pero no os la dará y en cambio os quitará la fe; os impondrá tributos y servicios personales.

Estos y otros jerarcas de la Iglesia Católica, excomulgaron a Hidalgo más que por hereje, por revolucionario y enemigo del orden social, y por atacar la propiedad de la tierra, declarando en sus edictos que no debía creerse a ese cura rebelde y malo que prometía tierras que no entregaría.

También el obispo Ruiz y Cabañas se refirió a *la devastación y exterminio que amaga y debe producir entre indios, españoles y castas, el designio del cura Hidalgo, sobre querer entregar a los primeros las tierras y posesiones de este reino.*

Entre los decretos de Hidalgo, sin duda el más importante es el del 5 de diciembre de 1810, expedido en Guadalajara, y en el que se dio un evidente contenido agrario a la lucha de independencia al establecer el reparto de las tierras de cultivo, entre los indígenas, y el goce exclusivo de las tierras de la comunidad, en beneficio de aquéllos.

Sus decretos relativos a la liberación de esclavos y abolición de la esclavitud, dan a Hidalgo la dimensión de un gran reformador social. En el decreto de Valladolid se prevenía a todos los dueños de esclavos que los pusieran en libertad, otorgándoles las necesarias escrituras para que pudieran tratar y contratar, comparecer en juicio, otorgar testamento y ejecutar las demás cosas libres; bajo pena de muerte y confiscación de todos sus bienes para quienes no cumplieran en decreto. Asimismo, y bajo las mismas pe-

Lo más importante de la obra política del Padre de la Patria fueron sus decretos de abolición de la esclavitud, supresión de tributos y de restitución de tierras.

nas, se prohibía la compra y venta de esclavos. Además, se abolían los tributos de las castas y se liberaba a los indios del pago de los tributos, así como del uso del papel sellado, de los estancos de pólvora y de los colores, así como la exacción de bienes en las "cajas de la comunidad" y otra clase de pensiones que se exigían a los indios, declarándose también la libertad de fabricar y vender vino y otras bebidas cuya producción les estaba prohibida, levantando también la prohibición de sembrar y vender tabaco.

En el decreto del 6 de diciembre de 1810, expedido también en Guadalajara, se reproducía la declaración sobre la abolición de la esclavitud, señalando nuevamente un plazo de diez días para que los esclavos fueran puestos en libertad. Se suprimían los tributos y las exacciones impuestas a los indios, así como el uso del papel sellado y el estanco de pólvora.

Era una doctrina de libertad humana la que inspiraba a Hidalgo en su actitud respecto a la esclavitud; para él, los derechos del hombre, proclamados en Francia y los Estados Unidos, no tendrían plena vigencia mientras no fuera totalmente abolida la esclavitud.

El mismo afán de libertad humana inspiró sus disposiciones sobre la abolición de los tributos, de las castas y los estancos. Como reformador, fue más allá de su tiempo. Para él, la independencia no era solamente un movimiento político, no era una separación del país respecto de la metrópoli. Aunque al iniciar la lucha lo hubiera hecho a nombre de los criollos terratenientes, interesados en arrebatar a los españoles el poder político y el monopolio económico, bajo la presión de las masas explotadas que dirigía, Hidalgo hubo pronto de convertirse en un auténtico reformador social, pugnando por un cambio radical de la estructura social y económica del país.

Don Justo Sierra se ha referido al hecho de haberse confiado a Hidalgo el papel principal en la insurrección, por el inmenso prestigio que le daba sobre las masas su carácter sacerdotal y porque en él la idea de independencia tenía un sello filosófico de índole superior, pues su propuesta no era de un mero cambio político, o incluso meramente económico, sino que su pensamiento conlleva la declaración de una mayoría de edad para el pueblo mexicano, abriendo el camino para un estilo de vida basado en la libertad de elección, y sobre todo en la apertura de las alternativas en las que dicha libertad pudiera ejercitarse, especialmente en lo económico, incorporando la noción de la industria en su proyecto popular. Hidalgo no fue un contemplativo ni un héroe romántico, él veía en el trabajo una vía de liberación, sobre todo en el trabajo manual, en la artesanía y la industria, lo que claramente nos lleva al discurso simbólico de la transformación de la realidad por la vía del trabajo creativo y no meramente reproductivo. En este sentido, Hidalgo privilegia la industria sobre la misma agricultura y prefiere la actividad colectiva frente a la empresa privada. El biógrafo Pedro García dice que Hidalgo quería que toda la industria estuviera organizada en sociedades de tipo cooperativo, en las que los socios tendrían acciones y los trabajadores aportarían su trabajo, pero convertido en un valor mesurable en la misma empresa, de lo que se deduciría su participación en los rendimientos; aunque habrían de recibir anticipos que les permitieran subsistir hasta que llegara el momento de repartir las utilidades que les correspondían.

En mismo Pedro García afirma que Hidalgo decía que todo extranjero, para poder establecerse en nuestro país, debía pertenecer a una sociedad industrial, ya fuera como accionista o por medio de sus conocimientos, o de su trabajo, para que fuera útil a nuestra patria. Incluso los hombres ricos deberían pertenecer a sociedades industriales o comerciales.

Como se puede fácilmente deducir, la revolución de Hidalgo era eminentemente capitalista, aunque no del todo burguesa, pues induce a la formación de un proletariado que no está sujeto al capital, y a la explotación que a la larga eso puede producir, sino que incorpora el trabajo como una proporción efectiva del capital de trabajo y no solamente de la producción, éste es un elemento muy digno de tomarse en cuenta al intentar deducir su proyecto de nación.

12

Inquisición y proyecto de nación

l testimonio del proceso inquisitorial de Hidalgo, que había permanecido en secreto, era hecho público a principios de octubre de 1810 y presentado a los Calificadores Provinciales con las instrucciones de dictaminar cuanto antes, lo que se hizo el 10 de octubre, cuando Hidalgo fue proclamado sectario de la libertad que proclamaban los franceses y hombre libertino, sedicioso, cismático, hereje formal, judaizante, luterano calvinista y muy sospechoso de ateísta y materialista.

Hecha la anterior declaración por los Calificadores Provinciales de Santo Domingo, Fray Domingo Barrera y Fray Luis Carrasco, por auto del 11 de octubre se mandó que, en atención a que el reo estaba protegido por su ejército de insurgentes, fuese citado y llamado en forma de edictos, con un término de treinta días.

Dos días después, la Inquisición formuló sus cargos contra Hidalgo en un edicto concebido en los siguientes términos:

Sabed que ante Nos pareció el señor Inquisidor Fiscal de este Santo Oficio e hizo presentación en forma de un proceso que tuvo principio en el año 1800 y fue continuado a su instancia hasta el año de 1809, del que resulta probado contra vos el delito de herejía y apostasía de nuestra santa fe católica y que sois un hombre sedicioso, cismático y hereje formal por las doce proposiciones que habéis proferido y procurado enseñar a otros, que han sido la regla constante de vuestras conversaciones y conducta, y son, en compendio, las siguientes:

Negáis que Dios castiga en este mundo con penas temporales; la autenticidad de los lugares sagrados de que consta esta verdad; habéis hablado con desprecio de los papas y del gobierno de la Iglesia, como manejado por hombres ignorantes... Aseguráis que ningún judío, que piense con juicio, se puede convertir, pues no consta la venida del Mesías; y negáis la perpetua virginidad de la Virgen María; adoptáis la doctrina de Lutero en orden de la divina Eucaristía y confesión auricular... y finalmente, que sois tan soberbio que decís que no os habéis graduado de doctor en esta real Universidad por ser su claustro una cuadrilla de ignorantes. Y dijo [el Inquisidor Fiscal del Santo Oficio] que teniendo, o habiendo llegado a percibir, que estabais denunciado al Santo Oficio, os ocultasteis con el velo de la vil hipocresía, de tal modo que se aseguró en el informe, que se tuvo por verídico, que estabais tan corregido, que habías llegado al estado de un verdadero escrupuloso, con lo que habías conseguido suspender nuestro celo, sofocar los clamores de la justicia, y que diésemos una tregua prudente a la observación de vuestra conducta; pero que vuestra impiedad, represada por temor, había prorrumpido como un torrente de iniquidad en estos calamitosos días, poniéndonos al frente de una multitud de infelices, que habéis seducido, y declarando guerra a Dios, a su Santa Religión y a la Patria, con una contradicción tan monstruosa, que predicando según aseguran los papeles públicos, errores groseros contra la fe, alarmáis a los pueblos para la sedición con el grito de la Santa Religión, con el nombre y

devoción de María Santísima de Guadalupe, y con el de Fer-
nando Séptimo, nuestro deseado y jurado Rey; lo que alegó
en prueba de vuestra apostasía de la Fe Católica y pertina-
cia en el error; y últimamente nos pidió que os citásemos por
Edicto y, bajo la pena de excomunión mayor os mandásemos
que comparecieseis en nuestra audiencia en el término de trein-
ta días perentorios, que se os señale por término desde la fija-
ción de nuestro edicto... y que circule dicho edicto en todo el
Reino, para que todos sus fieles y católicos habitantes sepan
que los promotores de la sedición, e independencia, tienen
por corifeo aun apóstata de la religión, a quien, igualmente
que al trono de Fernando séptimo, ha declarado la guerra...

Por decreto del día 19 del mismo mes y año se ordenó
examinar algunos testigos que pudiesen "dar razón de los
errores y criminal conducta de este reo", lo que se hizo a
partir del día 22. El primer testigo, fray Juan de San Anas-
tasio, carmelita, dijo que por voz pública y común sabía
que el reo, jefe principal de los insurgentes, había predica-
do que en la muerte del hombre todo se acababa y que había sido siempre muy libertino.

Ante la Inquisición, don José Ignacio Muñiz, cura de
Jocotitlán, presentó un escrito el 7 de noviembre de 1810 en
el que se denunciaba a Hidalgo por haber publicado un
bando en nueve capítulos, en el que se ordenaba que todo
americano se armara contra todo gachupín, bajo pena que
de no hacerlo se le tendría por reo de alta traición; que los
bienes de todo europeo serían secuestrados en favor de la
nación; que quedaba establecida la libertad; que el fanatismo sólo lo había inventado la diversidad de clases; que el
esclavo sería ya libre e igual que todo español; que libraba
de tributos, suprimía los estancos de pólvora, naipes y papel sellado, y que reducía las alcabalas al tres por ciento en

los extranjeros, y lo mismo por lo que se refería al tabaco. Agregaba que Hidalgo tenía miras más inmensas y diabólicas que Lutero, y que aspiraba a reunir en sí al sacerdocio y al Imperio, y que su plan no era otro que hacer de la América una Iglesia Anglicana. Concluía afirmando que el reo había ofrecido entrar con cuarenta mil soldados en la capital, donde visitaría primero la catedral y después la Inquisición, donde pediría su causa y manifestaría a todos que no era hereje y que diría después "ni Inquisidor, gachupín, ni Arzobispo gachupín, ni Rey gachupín, ni Santo gachupín".

Fueron examinados otros testigos. En vista de que Hidalgo no acudió a las citaciones que se le hicieron, el Inquisidor Fiscal presentó el 28 de noviembre un escrito pidiendo que se le declarase rebelde y contumaz, señalándole el término de diez días para que se presentase personalmente ante el Tribunal.

Cartas y declaraciones testimoniales fueron engrosando el proceso seguido contra Hidalgo, unas y otras acusándolo de diversos crímenes.

Aquí conviene referirse a los verdaderos motivos que inspiraban la acción del Tribunal del Santo Oficio contra Hidalgo. No era tanto por su heterodoxia sino porque, al iniciar la lucha por la independencia y dar a ésta un programa agrario, Hidalgo y su prédica social revolucionaria representaban una amenaza para el régimen de propiedad y la organización política imperantes. Nunca mejor que antes se advirtió el carácter de instrumento político de represión al servicio del Estado colonial que tenía la Inquisición. Tanto las exhortaciones y los edictos de excomunión de los altos funcionarios eclesiásticos como las declaraciones y acusaciones del Tribunal de la Fe estaban inspirados por un sólo propósito: desacreditar la idea de independencia, presentándola como contraria a la religión y como subversiva del orden social establecido. Por eso, el gobierno español, para combatirlo y combatir la revolución emancipadora, se valió de las armas de la Iglesia con la intención de impresionar, en sentido desfavorable, al movimiento, a la gente sencilla y fanática. Se le acusó de sacrílego y de perjuro no por serlo en verdad, sino por haberse sublevado, pretendiéndose identificar la religión con la obediencia y sumisión al poder. En apoyo al gobierno establecido acudió la alta clerecía, con todos sus instrumentos de opresión espiritual.

Al edicto de la Inquisición contestó Hidalgo con un manifiesto en el que se defendía de los cargos de herejía que le imputaban, declarando ante sus conciudadanos que jamás se había apartado de las creencias de la Santa Iglesia Católica y que estaba pronto a derramar su sangre en defensa de todos y cada uno de sus dogmas.

En uno de sus párrafos, decía textualmente: *Se me acusa de que niego la existencia del infierno, y un poco antes se me hace cargo de haber asentado que algún Pontífice está en el infierno, negando la existencia de éste.*

Enseguida descubría los verdaderos motivos que inspiraban a la Inquisición, cuando escribía: *Estad ciertos, amados conciudadanos míos, que si no hubiese emprendido liberar nuestro reino de los grandes males que lo oprimían, y de muchos mayores que lo amenazaban, y que por instantes iban a caer sobre él, jamás hubiera sido yo acusado de hereje.*

A continuación agrega: *Todos mis delitos traen su origen del deseo de vuestra felicidad; si éste no me hubiese hecho tomar las armas, yo disfrutaría una vida dulce, suave y tranquila; yo pasaría por verdadero católico, como soy, y me lisonjeo de serlo, jamás habría habido quien se atreviese a denigrarme con la infame nota de la herejía.*

Más adelante se refería a la debilidad del gobierno español, que se veía obligado a acudir a toda especie de medios que le permitieran sostener su despotismo... *Abandonan hasta la última reliquia de honradez y hombría de bien; se prostituyen las autoridades más recomendables, fulminan excomuniones, que nadie mejor que ellas saben que no tienen fuerza alguna; procuran amedrentar a los incautos y aterrorizar a los ignorantes, para que, espantados con el nombre de anatema, teman, donde no hay motivo de temer.*

Abrid los ojos, americanos, no os dejéis seducir por nuestros enemigos, ellos no son católicos sino por política: su dios es el dinero, y las conminaciones sólo tiene por objeto la opresión.

Después hace una invitación a los mexicanos a meditar sobre sus verdaderos intereses y a romper los lazos que los unían con los españoles: *Si nosotros no peleamos contra nosotros mismos, la guerra está concluida y nuestros derechos a salvo. Unámonos pues todos los que hemos nacido en este dicho suelo, veamos desde hoy como extranjeros y enemigos de nuestras prerrogativas a todos los que no son americanos.*

El manifiesto concluía invitando al establecimiento de un Congreso Nacional con representantes de todos los lugares del reino, y que habría de dictar leyes en beneficio del país, para que los mexicanos pudieran gozar libremente del las riquezas de su territorio.

Al manifiesto anterior contestó el Tribunal de la Inquisición, por edicto del 26 de enero de 1811, insistiendo en sus cargos de herejía, impiedad, ateísmo, materialismo, luteranismo, y llamándolo además hipócrita, deshonesto y el más feroz enemigo de los que llamaba sus conciudadanos.

La Inquisición aprovechaba la oportunidad para calificar el manifiesto de Hidalgo y otras proclamas y bandos de jefes insurgentes, como sediciosos y sanguinarios, declarando incursos en la pena de excomunión mayor a los que aprobaran la sedición, recibieran dichas proclamas y prestaran cualquier ayuda a los insurrectos o no los denunciaran.

En la audiencia de acusación, el Inquisidor Fiscal formuló contra Hidalgo 52 cargos en otros tantos capítulos, concluyendo de la siguiente manera:

Capítulo 53... Que atento a lo que dejo expuesto, y más que consta en el Proceso, y de los papeles públicos, es de presumir que este reo haya cometido otros crímenes más o menos graves, que habrá procurado y sabido ocultar con su refinada hipocresía; de todos los cuales le acuso en general, y protesto hacerlo en particular, siempre que a mi noticia llegaren, como lo hago de todos y cada uno de los contenidos de esta acusación, que lo constituyen Hereje formal, Apóstata de nuestra Sagrada Religión Católica, Deísta, Materialista, Ateísta, Reo de Lesa Majestad Divina y humana, libertino, excomulgado, sedicioso, revolucionario, cismático, judaizante, luterano, calvinista, blasfemo, enemigo implacable del cristianismo y del Estado, seductor protervo, lascivo, hipócrita, astuto, traidor al Rey y a la Patria, pertinaz, contumaz y rebelde al Santo Oficio, soberbio suscitador y secuaz de las sectas y herejías de los Gnósticos, de Sergio, Berengario, Cerinto, Carpócrates, Nestorio, Marción, Joviniano, Evionistas, Luteranos, Calvinistas y otros autores pestilenciales antiguos y modernos, deístas, materialistas y ateístas... Por todo lo cual, a V. I. pido y suplico que habida mi relación por verdadera, sin obligarme a mayor prueba, y aceptando sus confesiones en cuanto por mí hicieren, y no en más, se sirva declarar por su sentencia definitiva mi intención por bien probada, y al dicho Br. Don Miguel Hidalgo Costilla, por hechor y perpetrador de todos los crímenes de que le llevo acusado, y como tal incurso en la pena de Excomunión Mayor, y en las demás fulminadas contra semejantes delincuentes, imponiéndole las que por derecho le correspon-

den como a hereje formal, apóstata de nuestra Sagrada Religión, reo de Lesa Majestad, divina y humana, y traidor al Rey y a la Patria, relajando su persona a la Justicia y brazo seglar, si pudiese ser habido, y por no poder serlo ahora, su Estatua y figura que le represente en la forma acostumbrada, y declarando que sus bienes sean, y se entiendan confiscados a la Real Cámara de S. M. desde el día en que cometió el primer crimen de herejía, con las demás declaraciones y condenaciones que en el caso sean necesarias, conforme a los Sagrados Cánones, Bulas Apostólicas, Leyes Reales y Pragmáticas de estos Reinos, Instrucciones y Cartas acordadas del Santo Oficio, su estilo y práctica, mandándolas ejecutar en su persona con todo el rigor que exige la gravedad de sus delitos, para su condigno castigo, satisfacción y desagravio de la Justicia Divina, y humana, y de la vindicta pública, ejemplo; y si otra me fuere más útil, la doy aquí por expresa. Secreto de la Inquisición, de México. Enero 30 de 1811... Don Manuel de Flores.

Se ordenó dar traslado a Hidalgo de dicha acusación, y en vista de que no había comparecido dentro del término señalado, fue declarado rebelde y contumaz, pidiendo el Inquisidor Fiscal que se tuviera la causa por concluida, lo que así se acordó. Por fin, estando ya Hidalgo prisionero, en mayo de 1811, se hizo la publicación de testigos y probanzas, corriéndosele traslado de ella para que respondiera y alegara lo que conviniera a su derecho. Como no lo hiciera, la Inquisición le nombró defensor de oficio.

Pero la defensa de Hidalgo se había expresado ya, desde meses atrás, pero no dentro del proceso inquisitorial, sino ante la historia:

Me veo en la triste necesidad de satisfacer a las gentes sobre un punto en que nunca creí que se me pudiera tildar, ni me-

Hidalgo era acusado de sacrílego y fue excomulgado; la Inquisición le adjudicaba los delitos de "haber declarado la guerra a Dios, a su santa religión y a la Patria".

nos declarar sospechoso para mis compatriotas. Hablo de la cosa más interesante, más sagrada y para mí más amable: de la Religión Santa, de la fe sobrenatural que recibí en el bautismo. Os juro, desde luego, amados conciudadanos míos, que jamás me he apartado ni un ápice de la creencia de la Santa Iglesia Católica; jamás he dudado de ninguna de sus verdades; siempre he estado convencido íntimamente de la infalibilidad de sus dogmas, y estoy pronto a derramar mi sangre en defensa de todos y cada uno de ellos... Testigos de esta protesta son los feligreses de Dolores y San Felipe, a quienes continuamente explicaba las terribles penas que sufren los condenados en el infierno, a quienes procuraba inspirar horror a los vicios y amor a la virtud, para que no quedaran envueltos en la desgraciada suerte de los que mueren en pecado; testigos son las gentes que me han tratado, los pueblos donde he vivido, y el ejército que comando. Pero, ¿para qué testigos sobre un hecho e imputación que ella misma manifiesta su falsedad? Se me acusa de que niego la existencia del infierno, y un poco antes se me hace el cargo de haber asenta-

do que algún Pontífice de los canonizados por Santo se encuentra ahí. ¡Cómo pues concordar que un Pontífice está en el infierno negando la existencia de éste? Se me imputa también el haber negado la autenticidad de los sagrados libros, y se me acusa de seguir los perversos dogmas de Lutero. Si Lutero deduce sus errores de los libros que cree inspirados por Dios... ¿cómo el que niega esta inspiración tendrá los suyos deducidos de los mismos libros que tiene por fabulosos?... Del mismo modo son todas las acusaciones. ¿Os persuadiréis, americanos, que un tribunal tan respetable, y cuyo instituto es el más Santo, se dejase arrastrar del amor del paisanaje hasta prostituir su honra y reputación? Estad ciertos, amados conciudadanos míos, que si no hubiera emprendido liberar nuestro reino de los grandes males que le oprimían, y de los muchos mayores que le amenazaban, y que por instantes iban a caer en él, jamás hubiera sido yo acusado de hereje. Todos mis delitos traen su origen del deseo de vuestra felicidad, si esto no me hubiera hecho tomar las armas, yo disfrutaría de una vida dulce, tranquila y suave; yo pasaría por verdadero católico, como lo soy y me lisonjeo de serlo; jamás habría habido quien se atreviera a denigrarme con la infame nota de herejía. ¿Pero de qué medio se habrían de valer los españoles europeos, en cuyas opresoras manos estaba nuestra suerte? La empresa era demasiado ardua; la Nación, que tanto tiempo estuvo aletargada, despierta repentinamente de su sueño a la dulce voz de la libertad; corren apresurados los pueblos y toman las armas para sostenerla a toda costa.

Los opresores no tiene armas ni gente para a la fuerza a seguir en la horrorosa esclavitud a la que nos tenían condenados... ¿Pues qué recurso les quedaba? Valerse de toda especie de medios por injustos, ilícitos y torpes que fuesen, con tal de que condujeran a sostener su despotismo y la opresión de América, abandonan hasta la última reliquia de honradez y hombría de bien; se prostituyen, prostituyen las autoridades más recomendables; fulminan excomuniones, que nadie mejor que ellos saben que no tienen fuerza alguna; procuran amedrentar a los incautos y aterrorizar a los ignorantes, para que, espantados con el nombre de anatema, teman donde no hay motivo de temer. ¿Quién creería, amados conciudadanos, que llegase hasta este punto el descaro y atrevimiento de los gachupines? ¿Profanar las cosas más sagradas para asegurar su intolerable dominación? ¿Valerse de la misma Religión Santa para abatir y destruirla? ¿Usar de excomuniones contra toda la gente de la Iglesia, fulminarlas sin que intervenga motivo de religión? ¡Abrid los ojos, americanos, no os dejéis seducir de nuestros enemigos! Ellos no son católicos, sino por política: su Dios es el dinero y las excomuniones sólo tienen por objeto la opresión.¿Creéis acaso que no puede ser verdadero católico el que no está sujeto al déspota español? ¿De dónde nos ha venido este nuevo dogma, este artículo de fe? Abrid los ojos, vuelvo a decir; meditad sobre vuestros verdaderos intereses; de este preciso momento depende la felicidad e infelicidad de vuestros hijos y de vuestra numerosa posteridad.

Son ciertamente incalculables, amados conciudadanos, los males a que quedáis expuestos, si no aprovecháis este momento feliz que la Divina Providencia os ha puesto en las manos, no escuchéis las seductoras voces de vuestros enemigos, que bajo el velo de la religión y de la amistad os quieren hacer víctimas de su insaciable codicia.

¿Os persuadiréis, amados conciudadanos, de que los gachupines, hombres desnaturalizados que han roto los más estrechos vínculos de la sangre — ¡se estremece la naturaleza! —, que abandonando a sus padres, a sus hermanos, a las mujeres y a sus propios hijos, sean capaces de tener afecto de humanidad a otra persona? ¿Podéis tener con ellos algún enlace supe-

rior a los que la misma naturaleza puso en las relaciones de su familia? ¿No las atropellan todos por el solo interés de hacerse ricos en América? Pues no creáis que unos hombres nutridos de esos sentimientos puedan mantener amistad sincera con nosotros, siempre que se les presente el vil interés, os sacrificarán con la misma frescura con que han abandonado a sus propios padres. ¿Creéis que al atravesar inmensos mares, exponerse al hambre, a la desnudez, a los peligros de la vida, inseparables de la navegación, lo han emprendido por venir a haceros felices? Os engañáis, americanos. ¿Abrazarían ellos ese cúmulo de trabajos por hacer dichosos a unos hombres que no conocen? El móvil de todas esas fatigas no es sino su sórdida avaricia; ellos no han venido sino por despojarnos de nuestros bienes; por quitarnos nuestras tierras, por tenernos siempre avasallados bajo sus pies. Rompamos, americanos, esos lazos de ignominia con que nos han tenido ligados tanto tiempo; para conseguirlo no necesitamos sino unirnos; si nosotros no peleamos contra nosotros mismos, la guerra está concluida, y nuestro derecho a salvo. Unámonos, pues, todos los que hemos nacido en este dichoso suelo; veamos desde hoy, enemigos y extranjeros, enemigos de nuestras prerrogativas, a todos los que no sean americanos.

Los cargos, las excomuniones y los ofrecimientos en dinero por su vida, se propaga por todos los rincones del país, sin que haya un lugar, por apartado que sea, donde no lleguen las recomendaciones de la Iglesia y las amenazas del gobierno virreinal.

13

Hacia la capital

Como Hidalgo esperaba, la toma de Valladolid le produjo un muy considerable aumento de fuerzas y recursos. Había llegado con cincuenta mil hombres y al poco tiempo contaba con cerca de ochenta mil, muchos de ellos soldados de oficio, pues en Valladolid se le unieron el Regimiento de Infantería Provincial, compuesto de dos batallones, ocho compañías de infantería y todo el Regimiento de Dragones de Michoacán, conocido como el "Pátzcuaro". Los fondos obtenidos, tanto de las arcas del clero, como de los particulares, ascendieron a setecientos mil pesos. En este periodo fue cuando Hidalgo comenzó a manifestar que no se debía mencionar más el nombre de Fernando VII, lo que causó conflictos con algunos de sus allegados, especialmente con Allende.

El día 20, a las diez de la mañana, comenzaron a salir las tropas de la ciudad, partiendo Hidalgo en la vanguardia con el regimiento de Dragones; el regimiento de Valladolid salió enseguida, y como a las tres de la tarde marchó Allende con el resto de las tropas. Su tardanza se debió a que tuvo que contener una serie de actos de saqueo. Aldama salió a las seis de la tarde, siendo encargado del resguardo de los caudales, consistentes en una gran cantidad de mulas cargadas con fardos, envoltorios, baúles y cajas; en esta escolta iban también los españoles prisioneros.

Pasaba Hidalgo por Charo, distante de Valladolid apenas cuatro leguas, cuando lo alcanzó el cura de Carácuaro, don José María Morelos y Pavón, quien, enterado del levantamiento del antiguo rector del Colegio de San Nicolás, se había encaminada a Valladolid con objeto de entrevistarlo, pero como el caudillo acababa de salir de la ciudad, dejándola por suya, Morelos siguió sin detenerse hasta darle alcance en aquel pueblo. Ya unido a las fuerzas insurgentes, continuaron su marcha hasta Indaparapeo, dos leguas adelante, donde se declaró terminada la jornada. Ahí Hidalgo expuso a Morelos los motivos que lo animaban y que en esencia eran los de proceder a la independencia de la Nueva España, aspiración de todos los americanos, especialmente en aquellos momentos, ya que la ausencia del rey, cautivo en Francia, les proporcionaba la mejor de las oportunidades. Enseguida lo comisionó para que revolucionara en el sur del país, dándole instrucciones verbales y extendiéndole un nombramiento en estos términos:

Por la presente comisiono en toda forma a mi lugarteniente, el Br. D. José María Morelos, cura de Carácuaro, para que en la costa del sur levante tropas, procediendo con arreglo a las instrucciones verbales que le he comunicado.

Las instrucciones fueron que por todos los lugares que pasara depusiese los gobiernos, encargándolos a individuos no europeos; que requisara armas en todas partes, que embargara los bienes de los españoles "para fomento y pago de tropas"; que se propusiese como mira principal tomar el puerto de Acapulco, y, por último, que los europeos deberían ser aprehendidos, dando lugar a los casados de re-

Ante Hidalgo se presentó el sacerdote José María Morelos, que aspiraba a ser capellán del ejército insurgente.

unirse con sus familias, para embarcarlos a España o confinarlos en alguna isla destinada al efecto.

Era Morelos de mediana estatura, grueso de cuerpo, amulatado y de facciones enérgicas, a las que daban mayor realce dos verrugas en la mejilla izquierda y los ojos de penetrante mirada, sombreados por tupidas cejas. Nacido en Valladolid el 30 de septiembre de 1765, fueron sus padres don Manuel Morelos y doña Juana Pavón, de los que también hubo una hija, Antonia. Aunque su padre había sido carpintero y su abuelo materno maestro de escuela, después de vivir catorce años en el lugar de su origen, se fue a trabajar en labores de campo en la hacienda de Tahuejo, de la jurisdicción de Apatzingán, donde permaneció once años. En todo el tiempo transcurrido entre su vida en Valladolid y su estancia en la hacienda, debe haber recibido alguna instrucción superior a la impartida entonces a la clase humilde, pues al volver a su ciudad natal, en 1790, ingresó en el Colegio de San Nicolás, pasando al Seminario Tridentino el 18 de octubre de 1792, deseosos de aprovechar la urgencia de sacerdotes para cubrir las vacantes en lugares pequeños y apartados, por lo que emprendió la carrera eclesiástica en cursos de los que llamaban 'cortos'. Estando en San Nicolás conoció a Hidalgo, como rector y catedrático, aunque no fue directamente su maestro. En cambio lo fueron, entre este colegio y el seminario, el Dr. don Jacinto Moreno y don José María Alzate, de gramática; el licenciado don Vicente Peña, de filosofía, y el licenciado don José María Pisa, de moral. Recibió el grado de Bachiller en Artes el 28 de abril de 1795, en la Real y Pontificia Universidad de México. El 13 y el 19 del propio año le fueron concedidas las primeras órdenes y las órdenes mayores, por parte de la Iglesia. A principios del año siguiente, viéndose en dificultades para mantener a su madre y a su hermana , tuvo que aceptar el cargo de profesor de Gramática y Retórica que el cura de Uruapan, bachiller don Nicolás Santiago de Herrera, le ofreció para que instruyera a los niños aprovechados que debían pasar a las escuelas superiores. El 1º de septiembre del mismo año obtuvo el diaconado, y el 21 de diciembre de 1797, el presbiterato. Hecha su práctica como vicario durante dos años, ocupó sucesivamente los curatos de Churumuco, Urecho y Carácuaro, éste último servido desde marzo de 1799, con residencia en Nacupétaro. No había sido un escolar sobresaliente, pero mereció elogios de sus maestros; a pesar de sus escasos estudios, era un clérigo que no podía confundirse con el común de sus iletrados colegas; como cura de aldea, hubo de aceptar sus situaciones con humildad y entereza de ánimo. En las primeras parroquias soportó pobrezas extremas y rigores de climas, a los que su madre no pudo sobrevivir. En el último curato servido, el de Carácuaro, él trabajó al lado de los obreros para reconstruir la vieja parroquia.

Al reconocerse el ex rector y el ex alumno de San Nicolás, Hidalgo presintió la existencia de un gran espíritu en Morelos, un ser de valor desmedido, un excepcional hombre de acción, y amplió sus instrucciones verbales haciéndole indicaciones respecto a la organización del futuro gobierno emanado de la revolución, plan que ya venía fraguando en su mente. Se despidieron los dos, y mientras el cura de Carácuaro volvió al sur, dirigiéndose días después rumbo a la costa al frente de un grupo de hombres armados, Hidalgo, después de pernoctar en Indaparapeo, siguió a Zinapécuaro, donde hizo alto hacia mediodía; reanudada la marcha, las fuerzas empezaron a entrar de nuevo en Acámbaro, antes de anochecer.

A las primeras horas de la mañana del día siguiente se encontraban reunidos en la plaza principal todos los jefes, los que en funciones de consejo hicieron diversas promociones en vista del avance sobre la capital y del diario aumento del ejército, mismo que había de dividirse en grupos de mil hombres; todo el que se presentase con igual número de gente se le concedería el grado de coronel, con un sueldo de tres pesos diarios, dejándolo en libertad de nombrar sus oficiales; de igual sueldo disfrutarían los capitanes de caballería, un peso diario los soldados montados y cuatro reales los de a pie; en lo sucesivo, todos los nombramientos deberían ser hechos por Hidalgo y Allende. Enseguida fueron aclamados Hidalgo, como Generalísimo; Allende, Capitán General; Jiménez, Juan José Díaz, Balleza y Arias fueron promovidos a tenientes generales; Abasolo, Joaquín de Ocón, José María Arancivia y los hermanos Ignacio y José Antonio Martínez a mariscales de campo. Aldama había quedado sin ascenso; mas haciéndolo notar Ignacio Martínez, Hidalgo, que por varias razones empezaba a mostrarse descontento de él, accedió de no muy buena gana a designarlo teniente general. Al licenciado José María Chico lo nombró Ministro de Policía y Buen Gobierno. Después de estos solemnes actos de nombramiento, todos se dirigieron a la parroquia, donde se festejó el acto con Tedeum, repiques y salvas de artillería. Por último, salieron a orillas del pueblo, y en el campo cercano al río Lerma, pasaron revista a las tropas, ya divididas en cuerpos de a mil, dándoles a conocer los nuevos grados de sus jefes, excepto el de Aldama, para lo cual todos los mencionados se situaron sobre un puente.

Ahora el movimiento ya no era una masa informe, guiada por su emoción, ahora era un ejército organizado de acuerdo los principios militares; y en estas condiciones marchó ordenadamente hacia el oriente.

En la ruta seguida todos los pueblos estaban de parte de los insurgentes, ya que partidas de adictos se habían posesionado de ellos de antemano. En la primera jornada, de cuatro leguas, llegan al pueblo de Tarandacuao, y tras otra jornada de tres leguas más, llegan por la tarde a Maravatío, donde se presenta un hombre que había cursado estudios literarios en el Colegio de San Nicolás y que más tarde se había graduado en jurisprudencia. Se trataba del licenciado Ignacio López Rayón, nativo de Talpujahua, quien habiendo conocido las ideas de Hidalgo le ofrece sus servicios; el cura de inmediato lo toma como secretario. Su primera ocupación fue redactar un comunicado dirigido a algunas autoridades y firmado por el Generalísimo, convocando a los jefes y oficiales insurgentes que operaban ya en muchas partes a una junta que tendría por objeto "reglamentar la revolución" y dando a conocer, al final, los nombramientos acabados de hacer en Acámbaro. Poco después descansaba Hidalgo sentado en una banca bajo el portal, acompañado de Allende y de su Estado Mayor, cuando fue sorprendido por una partida audaz de realistas que atacó al grupo. El caudillo y los jefes se refugiaron en la casa más cercana en medio de una lluvia de balas que, afortunadamente, no tocaron a ninguno de ellos. Puesto en marcha el ejército al día siguiente, a poco de caminar se creyó descubrir a la partida del día anterior sobre una loma inmediata, lo que produjo alarma y provocó un avance de la columna, pero los escasos merodeadores realistas fueron amagados y aprehendidos sin mayor problema.

Siguió el ejército durante tres días a través de las haciendas de Pateo, Tepetongo y Jordana, y de la aldea de San Felipe de Obraje, hasta llegar al pueblo de Ixtlahuaca, sin más novedad que estando a cuatro leguas del penúltimo de esos puntos, ocupados por el teniente Agustín de Iturbide, con treinta y seis infantes, mandó Hidalgo ofrecerle la banda de teniente general, que no fue aceptada por este jefe realista escapado de Valladolid, quien prefirió realizar una discreta retirada. En el transcurso de esta marcha les fueron llegadas piezas de artillería hechas en la fundición de cañones de Guanajuato, y por los conductores de ellas recibió noticias de que Calleja y el conde del Jaral habían ya pasado por Dolores y venía en su búsqueda. Al paso del ejército por los poblados se engrosaban sus filas y recibían al caudillo en medio de aclamaciones de entusiasmo y repique de campanas. En esos momentos desaparecían de las puertas los edictos de los obispos, arrancábanse de las paredes los bandos de las autoridades y los españoles, y cuantos simpatizaban con ellos, huían despavoridos.

En Ixtlahuaca, justamente, se hizo al Generalísimo uno de los recibimientos más sonados, aunque seguido de un enojoso incidente. El cura del lugar lo condujo bajo palio, con cruz, ciriales y ministros revestidos, en medio de repiques; pero de improviso se presentó el cura del cercano pueblo de Xocotitlán, el doctor José Ignacio Muñiz, quien le presentó a Hidalgo los edictos del Arzobispo de México, del Obispo de Valladolid y de la Inquisición, lo que llenó de ira no sólo a Hidalgo, sino a la comitiva de clérigos y frailes que lo acompañaban, los que se dieron a romper y pisotear los documentos, mientras con airadas voces exclamaban: "Cuarenta excomuniones que el Tribunal fulmine sobre nosotros, pues viene quien nos absuelva." En esos momentos comenzaron a llegar las tropas, y los soldados, enterados del incidente, estallaron en improperios en contra del Santo Oficio, expresando que si bien antes era digno de respeto, ahora carecía de toda autoridad sobre ellos, y también pudieron desahogar su enojo rompiendo un edicto que estaba fijado en al puerta del juzgado. Asimismo no falto quien asegurara que Hidalgo había dicho que el día dos de noviembre estaría en México, donde contaba con no menos de cuarenta mil afiliados más; que iría directamente al palacio virreinal, que su primera visita sería a la catedral y en seguida pasaría a la Inquisición, donde pediría su causa y demostraría que no era hereje.

Entre la una y los dos de la tarde se echaron al vuelo las campanas, y por la tarde se cantó el Tedeum, con exposición del Santísimo. Al día siguiente, 28 de octubre, como era domingo, desde muy temprano se dijeron misas para las tropas en los corredores de la casa cural y en los portales de la plaza, ayudados los sacerdotes por los capellanes insurgentes. Terminadas las misas, todavía bien temprano, empezó a salir el ejército para Toluca, distante de allí nueve leguas, habiendo marchado Mariano Jiménez, como de costumbre, a la vanguardia.

Desde esta plaza, Hidalgo envió hacia Guadalajara el que sería uno de los documentos más significativos de su propuesta ideológica, que configura un elemento importante para entender su proyecto de nación.

14

Abolición de la esclavitud

"Desde el feliz momento que la valerosa nación americana tomó las armas para sacudir el pesado yugo que por espacio de tres siglos la tenía oprimida, uno de sus principales objetivos fue extinguir tantas gabelas con que no podían adelantar en fortuna; mas como en las urgentes y críticas circunstancias del tiempo no se puede conseguir siempre la absoluta abolición de gravámenes generosos, el nuevo gobierno, sin perder de vista tan altos fines que anuncian la prosperidad de los americanos trata de que éstos comiencen a disfrutar del descanso y alivio, en cuanto lo permita la agencia de la nación, por medio de las declaraciones siguientes, que deberán observarse como ley inviolable:

"Que siendo contra los clamores de la naturaleza el vender a los hombres, quedan abolidas las leyes de la esclavitud, no sólo en cuanto al tráfico y comercio que se hacía con ellos, sino también por lo relativo a las adquisiciones, de manera que conforme al plan del reciente gobierno, pueden adquirir para sí, como unos individuos libres al modo que se observa en las demás clases de la República, en cuya consecuencia, supuestas las declaraciones asentadas, deberán los amos, sean americanos o europeos, darles libertad dentro del término de diez días, o la pena de muerte que por insolvencia de este artículo se les aplicará.

"Que ninguno de los individuos de las castas de la antigua legislación que llevan consigo la ejecutoría de envilecimiento de las mismas cartas de pago del tributo que se les exigía, no lo paguen en lo sucesivo, quedando exentos de una contribución tan nociva al recomendable vasallo.

"Que siendo necesario de parte de ésta alguna remuneración para los forzosos costos de guerra, y otros indispensables para la defensa y decoro de la nación, se contribuya con dos por ciento de alcabala en efectos de la tierra, y con el tres en los de Europa, quedando derogados los que establecían el seis.

"Que supuestos los fines asentados de beneficencia y magnanimidad se atienda el alivio de los litigantes, concediéndoles para siempre la gracia de que en todos sus negocios, despachos, escritos, documentos y demás actuaciones judiciales, se use del papel común, abrogándose todas las leyes, cédulas y reales órdenes que establecieron el uso del sellado.

"Que a todo sujeto se le permita francamente la libertad de fabricar pólvora, sin exigirle derecho alguno, como ni a los simples de que se compone, entendidos así de que ha de ser preferido el gobierno en las ventas que se hagan para el gasto de las tropas; asimismo, deberá ser libre el vino y demás bebidas prohibidas, concediéndoles a todos la facultad de poderlo beneficiar y expender, pagando así el derecho establecido en Nueva Galicia.

"Del mismo modo, sin ser abolidos los estancos de todas clases de colores las demás exacciones de bienes y cajas de la comunidad y toda clase de pensiones que se exigían a los indios.

"Por último, siendo tan recomendable la protección y

fomento de la siembra, beneficio y cosecha del tabaco, se les concede a los labradores y demás personas que se quieran dedicar a tan importante ramo de la agricultura, la facultad de poder sembrar, haciéndose tráfico y comercio de él, entendidos de que los que emprendiesen con eficacia y empeño este género de siembra, se harán acreedores a la beneficencia y franqueza del gobierno.

"Y para que llegue la noticia a todos y tengo su debido cumplimiento, mando que se publique por bando en esta capital y demás ciudades, villas y lugares conquistados, remitiéndose número de ejemplares a los tribunales, jueces y demás personas a quienes corresponda su inteligencia.

"Dado en la ciudad de Guadalajara, a 2 de noviembre de 1810. Miguel Hidalgo y Costilla".

15

Las batallas decisivas

lrededor del 20 de octubre de 1810, el gobierno virreinal tuvo noticias del avance de Hidalgo, al frente de un ejército calculado en cien mil hombres, rumbo a la ciudad de México, de inmediato destacó una columna de granaderos, caballería y realistas españoles, al mando del brigadier Torcuato Trujillo, para salir a enfrentarlo. Esta división marchó a Toluca el 27 de octubre. El día 30, parapetado en el Monte de las Cruces, Trujillo esperó al ejército enemigo.

Allende dirigió la batalla por parte de los insurgentes y después de seis horas de tremenda lucha los españoles abandonaron el campo de batalla.

El ejército insurgente, victorioso pero tremendamente debilitado por las numerosas bajas y pérdidas materiales sufridas, avanzó hasta la Venta de Cuajimalpa. Desde este lugar, Hidalgo envió una carta al Virrey Venegas, pidiéndole la entrega de la capital y haciéndole ver *las fatales consecuencias de oponerse terminantemente al torrente de ideas de libertad que asomaban por varias partes en el presente siglo. La naturaleza la aconseja* —decía en su carta—, *y el derecho de los pueblos la reclama imperiosamente.*

Venegas recibió a los comisionados de Hidalgo, pero

se negó a dar respuesta, ante esto, Hidalgo optó por retirarse, desistiendo del propósito de tomar la ciudad de México, principalmente por la falta de municiones, como él mismo expresó en una cara escrita días después:

> *El vivo fuego que por largo tiempo mantuvimos en el Monte de las Cruces, debilitó nuestras municiones, en términos que, convidándonos la entrada a México en las circunstancias en que se hallaba, por este motivo no resolvimos su ataque y sí retrocedimos para habilitar nuestra artillería.*
>
> *Esta retirada, necesaria por las circunstancias, se ha interpretado por una total derrota, cosa que tal vez pueda desalentar a los pusilánimes, por lo que he tenido a bien exponer esto para que imponga a los habitantes de la ciudad.*

Otros motivos importantes, además de la falta de municiones, determinaron la retirada del ejército insurgente: la enorme pérdida de gente sufrida en la batalla del Monte de las Cruces, hecho que había infundido gran terror entre los insurgentes, en su gran mayoría soldados bisoños; la aproximación de las fuerzas realistas al mando de Calleja y de Flon, que amenazaban por la retaguardia al ejército insurgente, el que, de haber penetrado en la capital, se había convertido en ejército sitiado; el temor de una insurrección que diera lugar a hechos de violencia interna y la reacción de la población de la ciudad, con todos sus efectos desastrosos que los mandos insurgentes no habrían podido evitar, y en último termino, el peligro de una derrota ante la guarnición de la capital, previsible, dado su número y preparación. Quizá también habían influido en dicha decisión las diferencias de criterio que ya se habían manifestado entre Hidalgo y Allende, y que se hicieron más profundas después de la derrota sufrida en puente de Calderón.

El primer efecto negativo de la retirada fue la pérdida, por deserción, de más de la mitad de la gente, como afirma Pedro García en su *Memoria de los primeros pasos de la Independencia*:

"En Aculco, el ejército insurgente se encontró con el de Calleja, que rápidamente se dirigía a la defensa de la capital. Después de una hora de acción, las fuerzas insurgentes fueron derrotadas, aunque sin sufrir grandes pérdidas".

Después de la derrota de Aculco, Hidalgo marchó a Valladolid, entrando el día 12 de noviembre, y en esta ciudad expidió el manifiesto de respuesta al edicto que la Inquisición había lanzado en contra suya un mes antes.

La rebelión se había propagado a distintos rumbos del país, principalmente a Nueva Galicia, las Intendencias de México, San Luis Potosí, Zacatecas y las Provincias Internas de Oriente. La conquista de la Nueva Galicia por el insurgente José Antonio Torres permitió a Hidalgo dirigirse de Valladolid a Guadalajara.

Guadalajara recibió a Hidalgo el lunes 26 de noviembre de 1810. Durante su estancia en esta ciudad, Hidalgo extendió nombramientos a favor de jefes insurgentes que llevarían la revolución al noreste y al norte del país; hizo publicar un nuevo decreto sobre abolición de la esclavitud y de los tributos, en el que además se prohibían los estancos, el uso del papel sellado y las alcabalas a los efectos nacionales y extranjeros; expidió un bando en el que se ordenaba se procediera inmediatamente a la recaudación de las rentas vencidas hasta el día por los arrendatarios de las tierras pertenecientes a las comunidades indígenas, para que, enterándolas en la Caja Nacional, se entregaran a los naturales de las tierras para su cultivo sin que en lo sucesivo pudieran arrendarlas, debiendo ser el goce de las mismas, exclusivamente, de los indios en sus respectivos pueblos.

En Guadalajara procedió Hidalgo a establecer un Gobierno Nacional, con dos ministerios: uno de Gracia y Justicia, y el otro de Estado y Despacho. Para obtener recursos ordenó, como lo había hecho en Valladolid, tomar el dinero de las Cajas Reales y de las corporaciones religiosas; nombró representante diplomático ante los Estados Unidos a don Pascual Ortiz de Letona; hizo nuevos nombramientos de agentes revolucionarios para Durango y otros lugares, y ordenó la publicación de "El Despertador Americano", primer periódico insurgente, cuyo primer número apareció el 20 de diciembre.

Entre tanto, Calleja, después de haber reconquistado Celaya, Salamanca, Irapuato y Guanajuato, en los primeros días de 1811, abandonaba León rumbo a Guadalajara.

16

Un efímero gobierno

n Guadalajara, Hidalgo expidió un nuevo manifiesto a la Nación, en el que expresaba los motivos de la insurrección y concluía formulando nueve leyes que debían observarse invariablemente:

¿Es posible, americanos —decía— *que habéis de tomar las armas en contra de vuestros hermanos, que están empeñados con riesgo de su vida en libertarnos de la tiranía de los europeos, y en que dejéis de ser esclavos suyos? ¡No conocéis que esta guerra es solamente contra ellos, y por tanto es una guerra sin enemigos, que estaría concluida en un solo día, si vosotros no los ayudarais a pelear!*

Como se advierte, Hidalgo intentaba convencer a los criollos de que la lucha era contra los españoles y no contra ellos. Pero los criollos, ante el espectáculo de una revolución que amenazaba modificar de raíz la estructura social y el sistema de propiedad imperante, prefirieron convertirse en defensores del régimen colonial.

En el manifiesto, Hidalgo declaraba que no conocía otra religión que la Católica, Apostólica y Romana, y que por defenderla estaba pronto a sacrificar gustoso su vida. *Para* la felicidad del reino —decía—, es necesario quitar el mando y el poder de las manos de los europeos, ése es todo el objeto de nuestra empresa, para la que estamos autorizados por la voz de la nación.

Después invitaba a los criollos a incorporarse a la insurgencia y abandonar los ejércitos del rey:

Si tenéis sentimientos de humanidad, si os horroriza el ver derramada la sangre de vuestros hermanos, y no queréis que se renueven a cada paso las espantosas escenas de Guanajuato, del Puerto de las Cruces, de San Jerónimo Aculco, de la Barca y otras; si deseáis la quietud pública, la seguridad de vuestras personas, familias y haciendas, y la prosperidad de este reino, si apetecéis que estos movimientos no degeneren en una revolución, en que nos matemos unos a otros los americanos, exponiéndonos a esta confusión, a que venga un extranjero a dominarnos; y en fin, si queréis ser felices, desertaos de las tropas europeas y venid a uniros con nosotros; dejad que se defiendan solos los ultramarinos y veréis como en un día, sin perjuicio de ellos, ni vuestro, y sin que perezca un solo individuo, pues nuestro ánimo es sólo despojarlos del mando, sin ultrajar sus personas, ni haciendas. Abrid los ojos, considerad que los europeos pretenden ponernos a pelear criollos contra criollos, retirándose ellos a observar el ejército desde lejos, y en caso de salir favorable, apropiarse toda la gloria del vencimiento, haciendo después mofa de todo criollismo, y desde los mismos, que los hubiesen defendido, advertid que aun cuando llegasen a triunfar ayudados de vosotros, el premio que deberíais esperar de vuestra inconsideración, sería el que doblasen vuestras cadenas, y el veros sumergidos en una esclavitud mucho más cruel que la anterior: para nosotros es de mucho aprecio la seguridad y conservación de nuestros hermanos; nada más deseamos que el no vernos precisados a tomar las armas contra ellos; una sola gota de sangre americana

pesa más en nuestra estimación que la prosperidad de algún
combate, que procuraremos evitar, en cuanto nos lo permitie-
re la felicidad pública, como ya lo hemos hecho.

A continuación se publicaban las leyes "para gobierno de todos en adelante", que establecían que la aprehensión de los europeos debía limitarse a los seculares, y en el
caso de los eclesiásticos, sólo en el caso de "alta traición";
tanto el europeo como el americano que hablaran contra
la revolución serían pasados a cuchillo; debía respetarse la
vida y la propiedad de los europeos que se entregaran es-
pontáneamente, pero los que se resistieran, serían pasados
a cuchillo; antes de entrar en combate, debía darse muerte a los europeos que se tuvieran prisioneros; serían muertos los americanos que defendiesen con las armas a los
europeos y también aquellos que los ocultasen y, finalmente,
el que delatara cualquiera de los delitos mencionados, se le
gratificaría con la cantidad de quinientos pesos

Otro manifiesto de Hidalgo, expedido también en Guadalajara, decía:

Cuando yo vuelvo la vista por todas las naciones del univer-
so, y veo que las naciones cultas, como los franceses, quieren
gobernarse por franceses, que los ingleses por ingleses, los
italianos por italianos, los alemanes por alemanes; cuando
veo que esto sucede en las más bárbaras y groseras ... entre
las pocas ideas que su vida errante les permite, una de ellas es
la misma que se observa en las naciones cultas. Que los apa-
ches quieren ser gobernados por apaches, los pimas por pi-
mas, los tarahumaras por tarahumaras... Cuando veo, vuelvo
a decir, que esto sucede en todas las naciones del universo,
me lleno de admiración y asombro al considerar que sólo a los
americanos se les niegue esa prerrogativa.

¿No sois vosotros —agregaba, refiriéndose a los españoles— *los que hacéis alarde de haber derramado la sangre por no admitir la dominación francesa?... ¿pues por qué culpáis en nosotros lo que alabáis en vuestros paisanos? ¡Os ha concedido Dios algún derecho sobre nosotros? El mismo que los franceses tienen sobre vosotros, esto es, el de la fuerza.*

Él insistía en su llamada a los americanos para que concurrieran a la lucha por la libertad del país, y concluía: *Animaos del fuego que arde en vuestros compatriotas, y haced que todos disfruten igualmente las dulzuras que sólo puede proporcionar la independencia.*

A mediados de enero, enterado Hidalgo de la proximidad del ejército español al mando de Calleja, decidió abandonar la ciudad a efecto de esperar al enemigo a las afueras y de este modo librar a Guadalajara de las consecuencias del sitio.

Calleja salió de San Juan de los Lagos y avanzó hasta un lugar llamado Puente de Calderón, mismo que ya estaba ocupado por las fuerzas insurgentes, las que ascendían a cerca de noventa mil hombres, de los cuales setenta mil eran indios y mestizos, armados con machetes, hondas y flechas.

Al día siguiente, jueves 17 de enero, se inició la batalla que había de decidir la suerte de la guerra de independencia en su primera etapa.

Seis horas duró la acción de Puente de Calderón, y cuando parecía ganada por los insurgentes, que arrollaban a los realistas en todos los frentes, un suceso inesperado cambió el curso de la lucha. Una granada cayó en un carro de municiones situado en el centro de las fuerzas insurgentes y lo hizo volar estruendosamente, por lo que cundió el pánico entre los hombres, quienes se desbandaron en todas direcciones, principalmente cuando el fuego se extendió por sus instalaciones.

Calleja aprovechó el momento y dio la orden de avanzar; poco tiempo después, el combate que había sido dirigido por Allende se decidió en favor de los realistas, cuya caballería emprendió la persecución de los fugitivos.

Hidalgo regresó a Guadalajara y al día siguiente abandonó la plaza, rumbo a Aguascalientes; de allí siguió a Zacatecas y antes de llegar a esa ciudad, en la Hacienda del Pabellón, fue desposeído del mando supremo, acusado de las derrotas sufridas.

En estas circunstancias, Allende tomó el mando de la insurrección y las fuerzas continuaron su camino por Coahuila, con el propósito de pasar a los Estados Unidos y obtener ayuda para continuar la lucha.

17

La traición

La revolución se propagaba por las Provincias Internas de Oriente, donde se había reunido un ejército considerable al mando de don Mariano Jiménez, quien había sido comisionado para dirigir la insurrección en esa región por el mismo Hidalgo. En Monclova se había establecido el gobierno insurgente de la provincia de Coahuila, para el que Jiménez había nombrado a don Pedro Aranda.

Pero desde mediados de febrero de 1811, en Coahuila, se fraguaba la contrarrevolución y se preparaba un plan para aprehender a los jefes insurgentes durante su paso por la región. Fue promotor de este plan el capitán retirado del ejército Ignacio Elizondo, propietario se cerca de veintisiete sitios de ganado mayor, en las proximidades del río Nadadores, y que había sido siempre enemigo del movimiento insurgente.

A principios de marzo, Hidalgo había arribado a Saltillo; en esta población, Hidalgo y Allende recibieron del virrey Venegas una proposición de indulto a la que contestaron declarando que, en el desempeño de su nombramiento y de su obligación como patriotas americanos, no dejarían las armas hasta no arrancar de las manos de los opresores "la inestimable alhaja de su libertad", Seguían diciendo que estaban resueltos a no entrar en arreglo alguno sino sobre la base de la libertad de la Nación y el goce de aquellos derechos que el Dios de la Naturaleza había concedido a todos los hombres.

El indulto, Señor Excelentísimo, es para los criminales, no para los defensores de la patria, y menos para los que son superiores en fuerzas... Toda la Nación está en fermento. Estos movimientos han despertado a los que yacían en letargo.

Desde Saltillo, Allende y Jiménez habían dado orden al gobernador insurgente de Coahuila para que enviase hombres al pueblo de Baján, con el objeto de que protegiesen el camino por donde pasaría el ejército insurgente. Después de nombrar Jefe de la Revolución a don Ignacio López Rayón, confiados y con poca gente, los jefes insurgentes abandonaron Saltillo el 16 de marzo.

Al día siguiente, en Monclova, se producía la contrarrevolución. El gobernador Aranda era depuesto por Elizondo y otros realistas, quienes establecieron una Junta de Gobierno para sustituir a los antiguos poderes. Ésta acordó que Elizondo y más de trescientos hombres marchasen a Baján, fingiéndose enviados de Aranda, para preparar la emboscada a Hidalgo y sus acompañantes. Éstos, ignorantes de los ocurrido en Monclova, continuaban su marcha hacia esa población, llevando consigo más de un millón de pesos y atravesando la parte más difícil de su ruta. El día 20, al caer la tarde, los insurgentes llegaron a un punto llamado La Joya. Elizondo había llegado ese mismo día a las Norias de Baján, situadas a un poco más de cuatro leguas de donde habían pernoctado los insurgentes.

Desde Baján, Elizondo envió un espía al campamento

insurgente de La Joya, con una comunicación para don Mariano Jiménez, anunciándole que ya estaba esperándolos en Monclova y que allí se esperaba a los insurgentes "con las calles compuestas y arcos y gente".

En La Joya, los insurgentes habían encontrado poca agua. Al preguntar Jiménez al enviado de Elizondo sobre la provisión de agua, éste contestó que era escasa y le indicó que convenía que los coches y gentes principales se fueran adelante para que tomaran la primer agua.

Fatigados y sedientos, los insurgentes continuaron su marcha; iban en primer término los jefes, luego los oficiales y soldados, después la artillería y en último lugar la caballería que mandaba el insurgente don Rafael Iriarte. A eso de las nueve de la mañana del día 21 de marzo, se acercaron a las Norias de Baján.

Elizondo con su gente, principalmente indios comaches y lipanes, se había situado detrás de una loma. Una parte se sus hombres permanecía fuera de la loma, colocados en línea a lo largo del camino, en actitud de rendir honores a los que llegaban. Se habían dispuesto trescientos lazos para amarrar a los que fueran llegando, aunque algunos de los indios llevados para la captura habían sugerido que era mejor no amarrar, porque eran muchos, sino mejor matar y después contar.

El primero en llegar fue un fraile carmelita que se había adelantado mucho a la columna, entonces fue detenido y enviado tras una pequeña colina para que lo amarrasen.

Uno después de otro desfilaron frente a la loma varios coches ocupados por clérigos, frailes y mujeres, los que detenidos y atados fueron enviados inmediatamente al pueblo vecino de Baján. En otro coche venían Allende, su hijo, Jiménez y otros, quienes fueron también capturados, habiendo sido muerto el hijo de Allende y herido el teniente general Joaquín Arias, al negarse a la rendición. Luego llegó otro coche en el que venían dos espías de los realistas. Después de estos carruajes llegó Hidalgo, en caballo y a la cabeza de una escolta de cuarenta soldados. Elizondo lo saludó, dejándolo pasar hasta que el cura llegó a la cola de las tropas emboscadas, donde se le pidió rendirse, junto con su gente. La primera reacción de Hidalgo fue hacer resistencia, pero al ver la enorme diferencia de fuerzas, prefirió entregarse, por lo que fue entregado, desarmado y sin amarrar, a la custodia de algunos de sus aprehensores.

En el curso del día siguieron llegando grupos de insurgentes, que fueron aprehendidos y conducidos a Monclova; sólo Iriarte logró escapar con la caballería, prefiriendo huir en vez de intentar una batida para liberar a los prisioneros. En Saltillo, Iriarte fue llevado a corte marcial, condenado a muerte y ejecutado de inmediato, todo por órdenes de López Rayón.

Al ocultarse el sol, había concluido la tarea de Elizondo y sus compañeros, detrás de aquella loma que desde ese día se llama "Cerro del Prendimiento"; ahí, los principales caudillos del levantamiento de Dolores y una multitud de clérigos, frailes y civiles que habían seguido a Hidalgo en su lucha emancipadora, cayeron en la emboscada y fueron hechos prisioneros, lo que era la primera fase de un sacrificio al que estaban destinados.

De Baján, los jefes prisioneros fueron conducidos a Monclova, la que dejaron custodiados por al teniente coronel Manuel Salcedo, gobernador de la provincia de Texas, para ser conducidos a Chihuahua, a la que llegaron después de un mes de penoso viaje. Ya en esa ciudad, Hidalgo fue recluido en el ex Colegio de la Compañía de Jesús, convertido para aquel entonces en el Real Hospital Militar.

Se nombró al licenciado don Juan José Ruiz de Busta-

Al ser interrogado, Hidalgo declaró que creía que la independencia sería útil y benéfica al país, manteniendo su entereza y dignidad durante todo el proceso inquisitorial.

mante para instruir el juicio en contra de los prisioneros. Iniciada el 7 de mayo la causa de Hidalgo, e interrogado por el juez comisionado don Ángel Abella, a las cuarenta y tres preguntas que le fueron formuladas contestó con dignidad y entereza, sin acusar a nadie; pero como su causa era de fuero mixto, hubo de nombrarse también un funcionario especial para conocer sólo la parte eclesiástica de su proceso.

Desde antes de su aprehensión, la Inquisición había atribuido a Hidalgo dos clases de delitos, los unos contra la autoridad terrenal y los otros contra la divina, como aparece en el escrito de acusación del 7 de febrero de 1811, en el cual el Inquisidor Fiscal del Santo Oficio, en virtud de no haber comparecido Hidalgo, se querellaba contra él y lo acusaba de los delitos que ya se han narrado anteriormente, todos ellos de extrema gravedad.

18

El final

Estando ya prisionero, por requerimiento del Tribunal de la Inquisición, Hidalgo envió el 10 de junio un largo escrito conteniendo doce proposiciones en respuesta a los cargos que le había hecho en su edicto de octubre de 1810, y que el propio Hidalgo había contestado en noviembre. En esta contestación, Hidalgo se defendía nuevamente del cargo de herejía y concluía suplicando que se le borrara el cargo de hereje y apóstata de la Santa Religión.

El día 3 de julio se formuló dictamen en la causa militar de Hidalgo, acusándolo de reo de alta traición y condenándolo a muerte y a la confiscación de sus bienes. El auditor de la causa solicitaba la degradación eclesiástica del reo.

Ei proceso continuó su curso y el licenciado Rafael Bracho, en funciones de auditor militar, pidió para Hidalgo no sólo la pena de muerte, sino además que la ejecución debía de ser de carácter muy cruel: *En cuanto al género de muerte al que se le haya de destinar* —decía—, *encuentro y estoy convencido de que la más afrentosa que pudiera excogitarse, aún no satisfaría completamente la venganza pública; que él es delincuente atrocísimo, que asombran sus enormes maldades, que es difícil que nazca monstruo igual a él, y que es indigno de toda consideración por su personal individuo; pero es ministro del Altísimo...*

Por tanto... ya que no puede dársele garrote, por falta de instru-
mentos y verdugos que lo hagan, podrá mandar, si fuese de su
agrado, que sea pasado por las armas en la misma prisión en que
está.

Por su parte, el obispo de Durango ordenó, con fecha 18 de julio, que se procediera a la degradación verbal, y después real de don Miguel Hidalgo y Costilla, de acuerdo con lo dispuesto en el Pontifical Romano.

Pocos días después, las jurisdicción eclesiástica dictaba sentencia en los siguientes términos:

En la villa de Chihuahua, a los veintisiete días del mes de
julio de mil ochocientos once. Estando juntos y congrega-
dos... se pasó a leer el proceso criminal formado por la Juris-
dicción Real y Eclesiástica unida al Br. D. Miguel Hidalgo y
Costilla... y concluida su lectura... se conferenció largamen-
te... El juez comisionado, de unánime acuerdo y consenti-
miento de sus asociados, pronunció la sentencia siguiente:

En el nombre de Dios Omnipotente, Padre, Hijo y Espíri-
tu Santo, yo, don Francisco Fernández Valentín, canónigo
doctoral de la Santa Iglesia Catedral de Durango, y comisio-
nado por mi prelado, el Excmo. Sr. Dr. Francisco Gabriel de
Olivares..., habiendo conocido, juntamente con el señor Co-
mandante General de las Provincias de la Nueva España, la
causa criminal formada de oficio al Br. D. Miguel Hidalgo y
Costilla, cabeza principal de la insurrección que comenzó el
día dieciséis de septiembre, causando un trastorno general de
todo este reino, con otros infinitos males contra Dios, contra
el rey, contra la patria y contra los particulares, y hallando al
mencionado D. Miguel Hidalgo evidente, convicto y confeso;
y en atención a que se me ordena con autoridad de Dios, pri-
vo para siempre por esta sentencia definitiva al mencionado
D. Miguel Hidalgo y Costilla de todos los beneficios y oficios

eclesiásticos que obtiene, deponiéndolo, como lo depongo por la presente, de todos ellos... y declaro asimismo que en virtud de esta sentencia debe procederse a la degradación actual y real, con entero arreglo a lo que disponen los Sagrados Cánones.

Dos días después se llevó a cabo la degradación de Hidalgo, quitándole el cáliz y la patena, y raspándole con un cuchillo las palmas de las manos y las yemas de los dedos, actos acompañados de estas palabras: *Te arrancamos la potestad de sacrificar, consagrar y bendecir, que recibiste con la unción de las manos y los dedos.* A continuación fue despojado de los ornamentos sacerdotales uno a uno, devolviéndolo ignominiosamente al estado de seglar por ser indigno de la profesión eclesiástica. Luego el peluquero le cortó el pelo hasta no dejar señas del lugar de la corona, signo del sacerdocio.

En la Alhóndiga de Granaditas colgaron las cabezas de Allende, Aldama, Jiménez e Hidalgo.

125

Consumada la degradación, Hidalgo fue devuelto a los jueces civiles. Después se le leyó la sentencia pedida por el Tribunal Militar y pronunciada por el Comandante de las Provincias Internas, don Nemesio Salcedo, con la que se le condenaba a la última pena.

Por fin, al día siguiente, 30 de julio de 1811, Hidalgo fue extraído de la Capilla Real Hospital donde se hallaba y conducido al patio interior del mismo, donde fue pasado por las armas a las siete de la mañana del mismo día, sacándose su cadáver a la plaza, donde fue colocado en un tablado; estuvo de manifiesto al público, habiéndole separado la cabeza del cuerpo en virtud de orden verbal del brigadier don Nemesio Salcedo. Después se dio sepultura a su cadáver en la Capilla de San Antonio, del Convento de San Francisco.

Días después se dispuso que su cabeza y las de Allende, Aldama y Jiménez, que se guardaban conservadas en sal, fueran conducidas a Guanajuato, "teatro de sus primeras expediciones y sanguinarios proyectos" para ser exhibidas, colocándolas en los cuatro ángulos del castillo de Granaditas, dentro de jaulas de hierro con una inscripción infamante en la que se les calificaba de insignes facinerosos, saqueadores y ladrones de los bienes del culto de Dios y del Real Erario, además de causa de desastres, desgracias y calamidades.

**

TÍTULOS DE ESTA COLECCIÓN

Agustín de Iturbide

Adalberto Martínez "Resortes"

Agustín Lara

Álvaro Obregón

Amado Nervo

Antonio López de Santa Anna

Benito Juárez

Cuauhtémoc

David Alfaro Siqueiros

Diego Rivera

Dolores del Río

El Santo

Emiliano Zapata

Eulalio González "Piporro"

Fidel Velásquez

Francisco I. Madero

Frida Khalo

Gabilondo Soler "Cri-Cri"

Germán Valdés "Tin Tan"

Joaquín Pardavé

Jorge Negrete

José Alfredo Jiménez

José Clemente Orozco

José María Morelos

José Vasconcelos

Juan Diego

Juan José Arreola

Juan Rulfo

Justo Sierra

La Malinche

Lázaro Cárdenas

María Félix

Mario Moreno "Cantinflas"

Miguel Alemán Valdés

Miguel Hidalgo

Nezahualcóyotl

Pancho Villa

Pedro Infante

Plutarco Elías Calles

Porfirio Díaz

Quetzalcoatl

Rosario Castellanos

Salvador Novo

Sor Juana Inés de la Cruz

Venustiano Carranza

Impreso en Offset Libra

Francisco I. Madero 31

San Miguel Iztacalco,

México, D.F.